O PODER DOS AVÓS QUE ORAM

O PODER DOS AVÓS QUE ORAM

—

STORMIE OMARTIAN

Traduzido por Maria Flávia Lopes

Copyright © 2016 por Stormie Omartian
Publicado originalmente por Harvest House Publishers, Eugene, Oregon, EUA.

Os textos de referências bíblicas foram extraídos da *Nova Versão Transformadora* (NVT), da Editora Mundo Cristão, com permissão da Tyndale House Publishers, Inc. Eventuais destaques nos textos bíblicos e citações em geral referem-se a grifos da autora.

Todos os direitos reservados e protegidos pela Lei 9.610, de 19/02/1998.

É expressamente proibida a reprodução total ou parcial deste livro, por quaisquer meios (eletrônicos, mecânicos, fotográficos, gravação e outros), sem prévia autorização, por escrito, da editora.

Cip-Brasil. Catalogação na publicação
Sindicato Nacional dos Editores de Livros, RJ

O64p

Omartian, Stormie
 O poder dos avós que oram / Stormie Omartian ; tradução Maria Flávia Lopes. - 1. ed. - São Paulo : Mundo Cristão, 2019.
 208 p.

 Tradução de : The power of a praying grandparent
 ISBN 978-85-433-0386-4

 1. Orações. 2. Avós - Orações e devoções. 3. Vida cristã. I. Lopes, Maria Flávia. II. Título.

19-56260
CDD: 242.8
CDU: 27-534.35-055.53

Categoria: Oração
1ª edição: junho de 2019

Edição
Daniel Faria
Revisão
Natália Custódio
Produção e diagramação
Felipe Marques
Colaboração
Ana Paz

Publicado no Brasil com todos os direitos reservados por:

Editora Mundo Cristão
Rua Antônio Carlos Tacconi, 69
São Paulo, SP, Brasil
CEP 04810-020
Telefone: (11) 2127-4147
www.mundocristao.com.br

Mas o amor do Senhor *por aqueles que o temem
dura de eternidade a eternidade.
Sua justiça se estende até os filhos dos filhos
dos que guardam sua aliança,
dos que obedecem a seus mandamentos.*
Salmos 103.17-18

Sumário

Avós que oram são um presente para a vida toda 11

PRIMEIRA SEÇÃO
Orando pelo entendimento de seus netos a respeito do amor de Deus e dos relacionamentos inspirados por ele

1. Senhor, permite-me expressar claramente amor a cada um de meus netos 21
2. Senhor, faz crescer nos pais de meus netos o amor por seus filhos e de um pelo outro 30
3. Senhor, ajuda meus netos a entender quanto tu os amas 39
4. Senhor, ensina meus netos a honrar pai e mãe 46
5. Senhor, dá a cada um de meus netos um coração que não tarda em perdoar 51
6. Senhor, ensina a meus netos formas de demonstrar que amam a ti 57
7. Senhor, ensina meus netos a amar as pessoas como tu amas 63

SEGUNDA SEÇÃO
Orando pela segurança e proteção de seus netos

8. Senhor, ensina-me a ver a herança que deixo como uma avó que ora 71
9. Senhor, ajuda os pais de meus netos a criá-los em teus caminhos 78

10. Senhor, protege meus netos de qualquer 86
    perigo ou ameaça
11. Senhor, cura meus netos de doenças e enfermidades 92
12. Senhor, providencia para meus netos médicos 99
    bons e sábios
13. Senhor, guarda meus netos de danos causados 106
    por pessoas más
14. Senhor, não permitas que nenhuma arma 113
    voltada contra meus netos prevaleça

Terceira seção
*Orando pelo crescimento e amadurecimento
espiritual de seus netos*

15. Senhor, ajuda-me a entender o que meus 121
    netos enfrentam neste mundo
16. Senhor, leva os pais de meus netos a ter 127
    um relacionamento mais próximo contigo
17. Senhor, leva meus netos a te conhecer 134
    melhor a cada dia
18. Senhor, ensina meus netos a resistir 139
    à rebeldia que há dentro deles
19. Senhor, não permitas que meus netos se desviem 145
    para o território inimigo
20. Senhor, faz meus netos terem predileção 152
    por amigos tementes a ti
21. Senhor, concede a meus netos sabedoria 157
    e entendimento que vêm do alto

Quarta seção
Orando pela provisão e pelo bem-estar de seus netos

22. Senhor, ajuda-me a ser modelo 165
    de vida para meus netos

23. Senhor, capacita os pais de meus netos   173
a ser bons provedores para sua família
24. Senhor, ajuda meus netos a entender   178
quem tu os criaste para ser
25. Senhor, revela a meus netos seus dons   183
e seu chamado
26. Senhor, não permitas que o coração de meus   189
netos se volte para os ídolos do mundo
27. Senhor, ensina meus netos a dar bons frutos   195
28. Senhor, aumenta a fé de meus netos para que   200
creiam que tudo é possível para ti

Avós que oram são um presente para a vida toda

Algo surpreendente acontece em nosso coração quando vemos um neto pela primeira vez. É difícil explicar. Embora seja diferente da experiência de ter os próprios filhos, é exatamente como todo avô ou toda avó lhe diz há anos que seria. Não existe nada parecido. Surge uma conexão instantânea e profunda. Nasce um amor incondicional que é inimaginável antes desse momento. É profundamente especial. É uma experiência única, comovente. E muda nossa vida para sempre.

Isso não diminui o amor incondicional que sentimos por nossos filhos ou a experiência comovente e transformadora que tivemos quando eles entraram em nossa vida. Mas, como avós, a grande jornada física e emocional para trazer nossos netos a este mundo não nos pertence. Eles são como presentes colocados em nossos braços, muitas vezes literalmente. Isso não significa que não estejamos constantemente orando e nos preocupando com a segurança e a saúde de nossa filha ou nora — aquela que carrega a preciosa carga pela qual oramos pedindo um desenvolvimento perfeito. Oramos também pelo nosso filho ou genro, para que seja um bom amparo para a esposa, um excelente provedor e um grande pai para seus filhos — coisas que podem parecer tremendamente difíceis para a maioria dos pais novatos que entram em contato com toda essa realidade.

Lembro-me bem de quando Michael e eu tivemos o primeiro filho. Fomos tragados pelo processo de gestação. Fosse pela dúvida que tínhamos a respeito de nossa capacidade de ser bons pais, fosse pelo medo do que poderia acontecer ao bebê, fosse por nos sentirmos despreparados, o processo de gestação tomou todo o nosso foco. Não importava quantos livros eu lesse sobre criação de filhos ou quantos cursos frequentasse sobre o que fazer depois que o bebê nascesse, a jornada me consumia. E isso vale para a maioria das pessoas, seja no caso de filhos biológicos, adotivos ou daqueles que ganhamos ao nos casar com alguém que já tem filhos. A estrada que percorremos até a chegada de uma criança pode parecer assustadora, e não temos garantia de nada.

Nossos filhos adultos também podem sentir muitos desses mesmos medos.

Além de tudo, o processo de dar à luz e criar filhos é desgastante. O fator sono — ou a falta dele — complica as coisas, quando pai e mãe estão tentando não negligenciar o cônjuge nem o relacionamento conjugal. Isso pode parecer uma tarefa gigantesca. Se um dos cônjuges, por qualquer motivo que seja, estiver ausente do cenário, e a pessoa que estiver criando a criança for mãe ou pai solteiro, o fator preocupação aumentará bastante. A mãe ou o pai solteiro pode ser o único responsável pelo aluguel, financiamento da casa, alimentação, vestuário, cuidados com a saúde, escola e as demais necessidades de um ou mais filhos. Sem o apoio emocional de alguém com quem compartilhar os deveres da paternidade ou maternidade, a responsabilidade pode parecer uma missão impossível.

Como avós, geralmente não carregamos os mesmos fardos que os pais, embora todas essas questões nos preocupem muito. Isto é, a não ser que a criança não só seja colocada em nossos braços, mas a responsabilidade por esse neto ou neta também seja colocada inteiramente sobre nossos ombros, pelo fato de ambos os pais, ou de um deles, não poderem cuidar de sua filha ou filho. Muitos avós passam por essa experiência.

Seja qual for sua situação, considere-se abençoado por ter uma neta ou um neto precioso. Muitas pessoas se lamentam porque nunca terão netos, ou por terem um neto que não participa de sua vida. Agradeça a Deus todo dia por ter o privilégio e o poder, por meio da oração, de influenciar a vida de seus netos de maneiras que você nem pode imaginar.

O presente de uma "vovó" que ora

Os netos são um presente de Deus para você. E suas orações por eles são um presente que pode tocá-los pela vida toda, mesmo depois que você já não estiver por perto para ver todos os bons frutos que elas deram. Deus tem um ministério importante para você exercer na vida de seus netos — não apenas por palavras e atos, mas também por meio da oração.

Pessoalmente, não tive uma mãe ou um pai que orasse por mim — pelo menos, não que eu saiba. Mas tive uma avó que orava. Não percebi isso por anos, porque só a vi duas vezes na vida: uma vez quando eu tinha 6 anos, e a outra quando estava com 12. Ela era a mãe de meu pai, e parecia ser uma pessoa bondosa, gentil e carinhosa.

Muitos anos depois, quando eu já estava casada e tinha dois filhos, minha mãe, que sofria de uma grave doença mental, morreu de câncer aos 64 anos; então, convidamos meu pai para vir morar conosco. Na época ele tinha por volta de 75 anos, e separamos para ele uma ala inteira de nossa casa, o que representava três quartos só para seu uso pessoal, além de uma pequena sala de estar, tudo localizado na parte da frente da casa, onde ele poderia ter privacidade e ainda assim estar com o restante da família sempre que quisesse. Todos os dias ele sentava-se nessa sala e ficava esperando meus filhos chegarem da escola. Nessa época eles estavam no ensino fundamental e médio, respectivamente, e adoravam se sentar em volta do avô e ouvi-lo contar histórias sobre sua vida. Ele tinha tido várias experiências em que passara perto da morte, como as *duas vezes* em que foi atingido por um raio, ou a vez em que foi atropelado por um trem, ou quando levou um tiro de arma de fogo, ou a ocasião em que despencou de um barranco no lombo de um cavalo, ou quando perdeu o controle do caminhão em uma estrada coberta de gelo e capotou pela encosta — só para citar alguns episódios. É incrível pensar que ele viveu até os 93 anos e morreu tranquilamente em sua cama, enquanto dormia.

Eu mesma também já escapei da morte diversas vezes, incluindo uma ocasião em que peguei pneumonia quando era bebê, e outra em que contraí difteria quando tinha uns 6 anos, só para começo de conversa. Ainda teria pela frente outras situações de perigo em minha vida. Depois que aceitei o Senhor, aos 28 anos, e andei com ele por duas décadas, pude ver que a mão de meu Pai celestial havia estado o tempo todo sobre mim. Um dia, em oração, perguntei a Deus quem estivera orando por mim, pois àquela altura da vida percebi que deveria ter tido alguém. E não pude me lembrar de ninguém do lado da família de minha mãe. A mãe dela — minha avó materna — morrera no parto, quando minha mãe tinha 11 anos. E minha própria mãe sempre sofreu muito com sua doença mental ao longo de toda a minha vida.

Perguntei a meu pai sobre a mãe *dele*, e descobri que ela tinha sido uma mulher de oração, fiel e piedosa. Ela foi uma mulher tão fiel a Deus que todo domingo de manhã caminhava com os filhos uma distância bem longa, mesmo debaixo de neve congelante, cruzando campos e estradas rurais até chegar à igreja. Naquele tempo não existia escola dominical para crianças; então, meu pai ficava ali, sentado nos bancos duros de madeira durante quatro horas pela manhã, e por mais quatro horas à noite, e de novo na noite de quarta-feira. Ele contou que seu pai nunca ia à igreja, e também nunca os levou lá. Portanto, uma vez que se tornou adulto, jurou que nunca entraria numa igreja novamente. E, com exceção de funerais e casamentos, tanto quanto sei ele de fato nunca mais entrou.

Respondendo à minha oração, Deus me mostrou que havia sido a mãe de meu pai quem tinha orado por seus oito filhos e seus muitos netos, e que por essa razão meu pai e eu havíamos escapado da morte tantas vezes. Mesmo ela tendo morrido quando eu não passava de uma adolescente, sinto que foram suas orações que continuaram a me proteger na vida.

Meu pai sempre foi um bom avô para meus filhos. Até onde sei, nunca foi um homem de oração, mas quando lhe perguntei abertamente se ele acreditava em Deus e cria que Jesus era o Filho de Deus que morreu e ressuscitou por nós para nos dar vida eterna com ele — pois eu queria ter certeza de que veria meu pai no céu um dia —, ele disse enfaticamente: "Sim, é claro!", como se dissesse: "Quem em sã consciência não acreditaria nisso?".

Para mim, isso bastava.

Enquanto viveu com a gente, ele ensinou minha filha como plantar e fazer crescer um jardim em nosso quintal, e juntos os dois cuidavam dele todo dia. Também ensinou vários jogos a meu filho, e eles os jogavam sempre que tinham chance. Michael e eu não tínhamos tempo para algumas das coisas que ele podia fazer. Dos avós ele foi o único que meus filhos tiveram a oportunidade de conhecer bem, porque as duas avós morreram de câncer de mama, e o pai de meu marido morava longe e também morreu quando os netos ainda eram bem novos. Mas eles puderam passar tempo com meu pai todos os dias, e tanto ele como meus filhos se amavam de forma mútua e especial.

Uma avó que seja serva de Deus é sempre bem-vinda na vida de uma criança. Mas se, além de ser uma serva de Deus, você também for uma "vovó" que ora, isso é um presente que você pode deliberadamente dar a seus netos, mesmo que não os veja com muita frequência. E, se você *ainda* não tiver um neto, peça a Deus que lhe mostre alguém que precise de uma "vovó" espiritual. Há tanta gente que precisa.

Tive a alegria de participar da vida de meus netos desde o momento em que nasceram. E mesmo antes disso, enquanto ainda cresciam no ventre da mãe, eu orava inúmeras vezes durante o dia para que eles crescessem saudáveis e perfeitamente formados. Na verdade, já orava por meus netos antes mesmo de meus filhos se casarem, muito antes de eu ao menos saber que teria um neto.

Você pode ter se tornado avó porque um de seus filhos casou-se com alguém que já tinha um filho. E essa criança já pode ter em sua vida dois avôs e duas avós. Mas você pode não saber se esses avós estão orando por ela. Assim, não importa quais sejam as circunstâncias, suas orações ainda são uma dádiva necessária para essa criança.

Oração e amor nunca são demais na vida de um neto.

Pouco tempo depois de ter lançado o livro *O poder dos pais que oram*, em 1995, e ter vendido alguns milhões de exemplares, muitas mulheres me perguntavam: "Quando você vai escrever *O poder dos avós que oram?*". Eu respondia que, embora certamente já tivesse idade suficiente para ser avó, meus filhos não estavam fazendo a parte *deles*. Eu ainda estava orando para que eles encontrassem a pessoa certa para se casar, e não queria escrever sobre algo que nunca tivesse vivido pessoalmente. Optei por esperar até ter a alegria de ser avó para escrever este livro. Hoje tenho dois netos preciosos e sinto-me à vontade para fazê-lo.

Este livro divide-se em quatro *seções* — ou áreas de oração — *importantes* para ajudar você a encontrar facilmente o tema de oração que deseja.

A primeira oração de cada seção será para você orar por si mesma como avó. Ela a ajudará a entender como suas orações em favor de cada um de seus netos são de vital importância e possuem efeito duradouro. Mesmo que não os veja com muita frequência, seu papel na vida deles tem um alcance maior do que você possa imaginar.

A segunda oração de cada seção será para você orar pelos pais de cada neto. Eles enfrentam sérios desafios vindos de todos os lados, e precisam desesperadamente que os cubra em oração, estejam conscientes ou não dessa necessidade. De fato, uma das melhores maneiras de orar pelos netos é pedindo a Deus que ajude seus pais biológicos, ou seu padrasto ou madrasta, a criá-los bem.

Depois dessas duas primeiras orações, em cada seção haverá cinco orações para você fazer por seus netos. Não importa se são pequenos, adolescentes ou adultos. Eu lhe garanto que eles precisam de suas orações.

Gostaria de encorajar você a não apenas orar sozinha sempre que puder, mas também, quando possível, a orar com outras pessoas. Há poder na oração feita em conjunto com uma ou mais pessoas a respeito de qualquer coisa que a esteja preocupando. Jesus disse: "Também lhes digo que, *se dois de vocês concordarem* aqui na terra a respeito de qualquer coisa que pedirem, meu Pai, no céu, *os atenderá*. Pois, onde dois ou três se reúnem em meu nome, *eu estou no meio deles*" (Mt 18.19-20). A promessa poderosa da presença de Deus quando oramos com os outros é um dom grande demais para ser ignorado.

Acrescentei itálico nesses versículos que citei anteriormente, bem como em outras passagens ao longo do livro. Assim, para que eu não tenha de ficar repetindo as palavras "grifo da autora", saiba que toda vez que você vir algum itálico nas Escrituras, eu o adicionei para chamar atenção para certas palavras.

Você pode começar a orar do capítulo 1 até o final do capítulo 28. Todos os capítulos são curtos e incluem uma oração e uma passagem das Escrituras para embasá-los. Ou pode escolher uma seção e um capítulo que você sinta ser a área de foco mais necessária para orar naquele momento por seu neto.

Ah, e por favor, não se ofenda com meu uso frequente da palavra "netos" se você tem um neto só. É que usar a palavra no plural me livra de ter de usar toda hora as palavras "neto ou neta". E, pode acreditar, um neto precioso já é mais que suficiente para você ter muito pelo que orar.

PRIMEIRA SEÇÃO

Orando pelo entendimento de seus netos a respeito do amor de Deus e dos relacionamentos inspirados por ele

1
Senhor, permite-me expressar claramente amor a cada um de meus netos

Cada criança é única. Cada criança é diferente das outras de sua família, ainda que sejam filhos dos mesmos pais. Não podemos pensar que todos os netos têm os mesmos pontos fortes, pensamentos ou necessidades. Também não podemos presumir que ele ou ela reaja aos mesmos fatos exatamente como outros membros da família. As dinâmicas em uma família mudam o tempo todo. E o mesmo acontece com as percepções de uma criança.

Dito isso, todas as crianças têm as mesmas necessidades básicas. Além da necessidade de ser alimentada, vestida e protegida sob um teto com carinho, a maior necessidade de toda criança é ser amada. Mesmo nesse caso, porém, cada criança percebe e recebe amor de forma diferente. O que nós, como avós, devemos aprender é a melhor maneira de expressar *nosso* amor a cada neto.

Peça a Deus que ajude você a expressar amor a cada um de seus netos de uma forma que ele ou ela possa claramente entender e receber. Só Deus sabe ao certo o que há no coração de cada criança.

Algumas pessoas têm dificuldade de expressar amor, mesmo pelos próprios filhos ou netos. Não é que elas não os amem. Na verdade, é provável que os amem profundamente. A questão é que não conseguem expressar bem esse amor. Muitas vezes, a própria pessoa foi criada assim. O amor que sentiam por ela não foi suficientemente demonstrado ou expressado, e por isso não acreditava que era amada.

Essa foi a minha experiência. Não tenho nenhuma lembrança de algum de meus pais me dizendo "eu te amo". Tampouco ouvi isso ser dito por qualquer dos outros membros de minha família — não que eles devessem ter dito algo parecido, pois vivi longe deles a maior parte do tempo. Minha mãe agia como se me odiasse. Ela era física e verbalmente abusiva, e chegou a me trancar no armário diversas vezes ao longo de minha infância. Mas ela era uma pessoa mentalmente doente, e sua doença se tornou mais evidente com o passar dos anos.

Já meu pai nunca foi abusivo. Era sempre gentil, mas não afetuoso. Mais tarde, quando eu já era adulta, meu pai me contou que ele e minha mãe tinham combinado nunca dizer nada de bom a meu respeito ou me encorajar para que eu não ficasse mimada. Lembro-me de ter pensado: *Que péssima ideia!* Prometi a mim mesma nunca fazer isso com meus filhos. Eu me certificaria de que eles soubessem que eram amados — por Deus e por mim — e pedi a Deus que me ajudasse a cumprir bem esse propósito.

Percebi desde cedo que eu tinha sido afetada demais por tudo isso para saber como receber amor de outra pessoa e que tampouco sabia como retribuí-lo. Foi somente quando recebi o amor de Deus que me tornei capaz de realmente dar e receber amor.

A pessoa que mais amei durante a infância e adolescência foi minha irmã caçula, que nasceu quando eu tinha 12 anos. Ela foi a melhor coisa que já aconteceu à nossa família e a mim. Eu basicamente a criei, porque minha mãe me disse que, quando eu não estivesse na escola, ela era minha responsabilidade. Mas eu não me incomodava muito com isso, porque era louca por ela. No entanto, depois que terminei o ensino médio, tive de sair de casa para me livrar de todo o abuso verbal cometido por minha mãe e os conflitos que isso criava na família. Sempre me senti culpada por abandonar minha irmã, mas eu sabia que tinha de sair daquele ambiente tóxico, a fim de ajudá-la a também sair um dia. Além disso, acreditava que, com a minha partida, a casa ficaria em paz.

Ao que parece, eu estava enganada.

Embora minha mãe nunca tenha sido cruel com minha irmã do jeito que era comigo, mais tarde soube quanto minha menina foi negligenciada e, em muitos aspectos, sentiu-se abandonada. Nunca percebi quanto ela se sentia assim até que ouvi isso de sua própria boca. Eu me senti péssima com tudo que tinha acontecido a ela, mas não sabia o que mais eu *poderia* ter feito naquela época.

Éramos duas irmãs da mesma família que tinham diferentes experiências e percepções. Para mim foi um choque quando me ofereci para enviá-la para a faculdade ou abrir uma loja para ela expor seus trabalhos artísticos, que eram de nível profissional, e ela não quis aceitar nenhuma dessas opções. Eu sempre estivera determinada a me afastar o máximo possível do jeito que eu tinha sido criada. Ela, por outro lado, sentia-se insegura e não tinha a autoconfiança necessária para querer fazer algo assim. Acabei aceitando o fato de todas as coisas que *eu* queria para ela não serem o que ela queria para si.

Há famílias em que alguns filhos sentem que não são tão amados quanto seus irmãos. Pessoas já compartilharam muitas vezes comigo esse tipo de experiência, e embora seja bem possível isso ser verdade, também pode ser que seja uma percepção pessoal que elas têm da dinâmica familiar, pelo fato de o amor não ser demonstrado de uma forma que elas pudessem claramente perceber. Realidade ou não, ainda assim isso deixa marcas.

Um dos maiores presentes de amor

Um dos maiores presentes de amor que você pode dar a seus netos são suas orações por eles.

Entre as muitas recompensas da oração, uma das mais surpreendentes é que não só você cresce em amor pela pessoa por quem ora, mas também, conforme ora por ela, a pessoa parece sentir seu amor — ou o amor de Deus — por meio de suas orações. Quando as pessoas dizem: "Senti que você estava orando por mim", é algo que estão sentindo mesmo quando não entendem bem o que é. A razão disso é que, à medida que você se aproxima de Deus quando ora por alguém, o amor divino se aprofunda em seu próprio coração. Assim, quanto mais tempo você passa conversando com Deus, mais o amor dele é derramado *em você*, e mais esse amor extravasa *por meio de você*.

Deus é amor, e à medida que você ora, está em contato com tudo que ele é. Quando você ora por outra pessoa, recebe o amor que há no coração de Deus por ela.

Outra coisa surpreendente que acontece é que, conforme você ora por alguém, Deus pode abrandar o coração dessa pessoa em relação a *você*. Há uma transferência do amor de Deus para a pessoa por quem você está orando. Não posso provar que esse fenômeno aconteça sempre, mas já passei por isso número suficiente de vezes — assim como inúmeras outras pessoas — que não pode ser negado.

Eu tinha um parente que era muito rude e pouco receptivo em relação a mim, por motivos que eu não conseguia entender. Mal o conhecia. Mas, depois que aceitei o Senhor e aprendi sobre o poder da oração em nome de Jesus, comecei a orar por essa pessoa, para que seu coração se abrisse para o amor de Deus. Surpreendentemente, meu coração abrandou em relação a ele. Mais que isso: quando o vi novamente anos depois, ele me cumprimentou como um amigo que não encontrava havia muito tempo. Não via motivo para ele me rejeitar no passado, nem sei de nada que tenha acontecido para fazê-lo de repente me aceitar. Tinha de ser por causa das orações. O único contato que tive com ele naqueles anos foram nessas duas ocasiões. Mas já passei por esse tipo de coisa muitas vezes, de modo que acredito haver uma dinâmica poderosa quando oramos para que as pessoas abram o coração ao amor de Deus.

Portanto, mesmo que você viva longe de seus netos e não os veja com frequência, seus telefonemas, cartões, cartas, *e-mails*, vídeos e presentes carinhosos podem exercer grande impacto na vida deles, especialmente se você costuma lhes dizer que sempre ora a Deus por eles. Peça que lhe digam quaisquer necessidades específicas pelas quais eles queiram que você ore. Suas orações podem ajudar a construir um vínculo de amor entre você e seus netos — mesmo à distância.

Removendo barreiras

Jesus nos ensinou como trazer autoridade do reino espiritual a fim de efetuar mudanças no reino físico. Ele disse:

"*Tenham fé em Deus*. Eu lhes digo a verdade: *vocês poderão dizer a este monte: 'Levante-se e atire-se no mar', e isso acontecerá*. É preciso, no entanto, crer que acontecerá, *e não ter nenhuma dúvida em seu coração*. Digo-lhes que, *se crerem que já receberam, qualquer coisa que pedirem em oração lhes será concedido*" (Mc 11.22-24).

Essa é uma grande passagem bíblica para aplicar a qualquer membro da família em quem possa existir resistência no que diz respeito a expressar ou receber amor. Esse tipo de barreira pode parecer tão impossível de se remover quanto um monte literal. No entanto, Jesus disse que conseguiríamos removê-la se tivéssemos fé em *seu* poder e em *sua* vontade para fazê-lo. Ajudar pessoas a amar os outros — e a *receber* o amor dos outros — é sempre a vontade de Deus. Mas pode haver uma parede invisível impedindo alguém de *receber* amor ou uma barreira semelhante a um monte que esteja tornando alguém incapaz de *expressar* amor. Em ambos os casos, isso pode causar algo parecido com uma paralisia emocional em uma família, a menos que esse monte seja reduzido a cinzas em oração.

Peça a Deus que revele se você tem alguma barreira para dar ou receber amor. Isso é muito importante. Se não se sentiu amada no passado, isso pode afetar o modo como você demonstra amor a seus filhos e netos hoje. Ou, se houver algum tipo de falta de perdão em seu coração, isso pode levantar barreiras imensas, e as pessoas podem senti-las mesmo sem saber exatamente o que são. Deus diz que não ouvirá nossas orações até que confessemos haver em nosso coração algo que não deveria estar ali (Sl 66.18).

Coisas que nossos filhos ou seus cônjuges disserem ou fizerem podem nos ferir. Mas temos de perdoar e nos livrar completamente disso porque, se não o fizermos, esse sentimento afetará nosso coração, nossos relacionamentos e nossa caminhada com o Senhor. Se você tiver alguma ferida no coração que precisa ser colocada diante de Deus, peça a ele que a cure e que derrube toda barreira que esteja furtivamente formando um reduto de divisão.

Os relacionamentos familiares podem ser muito delicados, especialmente no caso de parentes por afinidade, como sogros, cunhados, genros e noras. Ore para que Deus permita que você ande sempre por uma trilha de amor, bondade, misericórdia, sabedoria, generosidade e perdão. Peça a ele que rompa qualquer barreira que impeça seu amor de fluir para seus filhos, netos ou outros membros da família, incluindo os parentes por afinidade.

Só Deus sabe o que expressará nosso amor e o amor dele aos membros de nossa família. A questão é que as pessoas sentem quando há falta de perdão em nosso coração, ainda que não tenha a ver com elas, e até mesmo quando não sabem bem o que estão sentindo. Pelos nossos netos, temos de nos livrar dessa falta de perdão, para que nosso coração esteja puro diante do Senhor e nossas orações sejam eficazes.

Todos nós precisamos de um coração cheio de amor incondicional por nossos filhos e netos, e de capacidade para expressá-lo com clareza, de forma livre e desimpedida. Oremos por isso.

— Minha oração a Deus —

Senhor, elevo a ti meus netos. (Diga o nome de cada um deles diante de Deus.) Mostra-me como expressar o amor profundo e incondicional que sinto por eles, de modo que possam percebê-lo e aceitá-lo. Revela-me as muitas maneiras pelas quais posso demonstrar meu amor.

Oro para que removas quaisquer barreiras que houver em mim e que sejam fruto de decepção ou dores do passado. Se houver algo em meu coração que me faça sentir rejeitada ou não amada, trago isso a ti para que seja curado. Se houver de minha parte alguma falta de perdão, mostra-me que a confessarei. Sei que tua Palavra diz que se eu conservar esse tipo de pecado em meu coração, tu não ouvirás minhas orações até eu me confessar (Sl 66.18). Não quero levar no coração nada que não deveria estar ali. Livra-me completamente de toda falta de perdão, para que não haja nenhuma barreira me separando de meus filhos ou netos. Conserva meu coração puro, para que minhas orações nunca sejam impedidas.

Se houver quaisquer outras muralhas de separação ou relacionamentos rompidos em minha família, desfaz completamente esses problemas. Queima quaisquer barreiras que estejam impedindo o perdão completo no coração das pessoas envolvidas. Ajuda-me a orar com tamanho poder por meus netos que eles sintam o teu amor e o meu amor por eles. Capacita minhas orações a tocá-los profundamente e a criar um vínculo de amor entre nós.

Capacita-me a promover a paz, conforme tu descreveste em tua Palavra (Mt 5.9). Eu sei que desempenhar esse papel me destaca como uma filha tua. Oro para que a tua paz, que excede todo o entendimento, reine em minha família e na família de meus filhos e netos.

Oro em nome de Jesus.

~ A Palavra de Deus para mim ~

*Se eu não tivesse confessado o pecado em meu coração,
o Senhor não teria ouvido.*
Salmos 66.18

*O sensato não perde a calma, mas conquista
respeito ao ignorar as ofensas.*
Provérbios 19.11

*Não julguem e não serão julgados.
Não condenem e não serão condenados.
Perdoem e serão perdoados.*
Lucas 6.37

*A luz do Senhor penetra o espírito humano
e revela todas as intenções ocultas.*
Provérbios 20.27

*Eu lhes digo a verdade: vocês pedirão diretamente ao
Pai e ele atenderá [...]. Peçam em meu nome e receberão,
e terão alegria completa.*
João 16.23-24

2
Senhor, faz crescer nos pais de meus netos o amor por seus filhos e de um pelo outro

Não são apenas os netos um dos maiores presentes que podemos ter neste mundo; ver nossos filhos se tornarem bons pais também é uma experiência maravilhosa. A recompensa de qualquer pai ou mãe por ter dedicado a vida inteira a trabalhar, apoiar e criar os filhos é, no futuro, vê-los escolher um bom marido ou uma boa esposa e se tornarem excelentes pais. Nossos filhos, porém, precisam de muito apoio em oração, a fim de atravessar com sucesso todas as fases da vida.

Sou abençoada por ter uma nora maravilhosa que é ótima esposa e mãe talentosa. Ela é generosa por me deixar cuidar de minhas netas dois dias por semana. Considero esses momentos um dos mais gratificantes de minha vida — embora sejam definitivamente exaustivos! Mas para mim é quase como um período de férias do trabalho cotidiano de escrever, viajar e todas as outras coisas que faço para administrar a casa, os negócios e o ministério. Vejo essa oportunidade de cuidar delas como uma de minhas grandes bênçãos, que vem logo depois de ter um casamento que já dura mais de quatro décadas e desfrutar boa saúde na maioria dos dias.

Também é uma grande bênção ver meu filho ser um pai tão bom para suas filhas e que tanto ajuda a esposa. Os dois formam uma verdadeira equipe e estão criando duas crianças felizes, saudáveis, carinhosas, bem-humoradas, piedosas e bem-comportadas. Agradeço a Deus todos os dias por isso e não encaro essas grandes bênçãos com leviandade. Compreendo perfeitamente que nem todos têm esse privilégio, mas sei também que eu já orava por isso desde o momento em que meus filhos nasceram. Se você não tem orado por essas coisas há tanto tempo quanto eu, não se preocupe. Suas orações fervorosas agora podem compensar o tempo perdido.

É por isso que acredito ser bom não só você orar por si mesma, para ser a melhor avó que puder — mesmo que seja de longe, se assim tiver de ser —, mas também orar pelos pais de seus netos, para que sejam os melhores e mais amorosos pais para os filhos deles.

Em primeiro lugar, ore para que os pais amem os filhos como Deus quer que eles os amem — isto é, sempre pensando no que é melhor para eles. Além disso, ore para que os pais de seus netos cresçam em amor um pelo outro. Isso é crucial. Quanto mais sólido, feliz e cheio de amor for o relacionamento deles, mais estáveis, seguros e amados os filhos se sentirão em relação a si mesmos e à vida. Isso é verdade mesmo quando os pais forem divorciados, ou um dos dois não estiver mais presente por qualquer motivo que seja.

Ore para que haja *amor* e *respeito* entre os pais, sobretudo no que diz respeito aos filhos. Independentemente da situação, ore para que haja *paz* e *união* entre os pais, e para que eles cheguem a um *acordo* sobre como educarão os filhos.

E sempre ore para que não se divorciem no futuro. Mas, ainda que o divórcio já tenha acontecido ou pareça inevitável, ore pela melhor situação possível. Peça a Deus que ajude os pais a colocar os filhos em primeiro lugar e não perpetuar os conflitos entre si. Ore especialmente para que os pais nunca envolvam os filhos em suas desavenças, mas em vez disso convidem o amor de Deus a fluir no meio deles.

Caso o pai ou a mãe de seus netos já tenha se casado novamente, ore para que a nova madrasta ou o novo padrasto seja amoroso, piedoso e dê apoio a seus netos. Essa pessoa também precisa muito de orações.

A melhor posição que você pode assumir é não julgar qualquer um deles. Eles já estão cercados por muito julgamento. Além disso, não precisam de julgamento; precisam de perdão. E precisam imensamente do amor de Deus. Sua principal preocupação devem ser os netos, que precisam saber que são amados — por Deus, por você, pelos pais e também pelo padrasto ou madastra.

É complicado, eu sei.

Mas o amor de Deus não é complicado. É um amor que simplesmente não tem limites, que nunca falha. Seus netos, e também os pais deles, precisam saber que podem depender desse amor.

Quando os filhos veem o amor de Deus em seus pais — mesmo quando são divorciados — e veem que existe entre eles um respeito e um amor de pessoas tementes a Deus, fica mais fácil aceitarem o amor de Deus por si mesmos. Todos nós já vimos os desastres que acontecem a filhos do divórcio, com muitos deles se afastando de Deus, carregando no peito a falta de perdão por um ou ambos os pais, tendo dificuldade de confiar nos outros e de manter relacionamentos duradouros, e muitos outros problemas. A passagem bíblica que diz: *"Acima de tudo, amem uns aos outros sinceramente, pois o amor cobre muitos pecados"* (1Pe 4.8) aplica-se especialmente aqui. Casais que se divorciam, mas ainda conseguem expressar amor um pelo outro e pelos filhos, serão mais bem-sucedidos no que diz respeito ao futuro dos filhos.

Ore para que os pais de seus netos sejam cheios do amor de Deus, para que possam transmitir esse amor aos filhos de modo que estes consigam perceber. Uma vida cheia do amor de Deus e do amor da família é uma vida de paz. E queremos tudo isso para nossos netos, o máximo possível.

Fazendo parte consistente da vida de seus netos

Ore para que os pais de seus netos os amem a ponto de sempre deixarem que você faça parte da vida deles. Ore também para que todos os avós de seus netos os amem a ponto de terem um coração amoroso para com os pais das crianças. Ore ainda para que os pais nunca usem os netos para punir os avós, algo que já vi acontecer muitas vezes.

Conheço um casal genuinamente temente a Deus que têm vários netinhos por parte de um dos filhos, mas que não têm permissão para vê-los em hipótese alguma. O motivo não é porque sejam pessoas más ou uma ameaça para as crianças. Eles são pessoas maravilhosas, piedosas e que servem a Deus em tempo integral. Mas seu filho afastou-se por causa de um desentendimento nos negócios e rompeu totalmente o relacionamento com eles, bem como a possibilidade de verem os netos. Os avós sempre participaram intensamente da vida dos netos, desde que nasceram até que isso acontecesse, mas nos últimos cinco anos todos os laços foram cortados. E eles foram completamente excluídos. Não podem se comunicar com os netos de forma alguma, nem mesmo em aniversários ou datas comemorativas, tudo isso por diferenças de opinião relacionadas a dinheiro. O sofrimento pelo qual esses avós têm passado é cruel e doloroso, sem mencionar a tristeza e a confusão que seus netos devem estar sentindo.

Percebo que, em alguns casos, os pais podem sentir que os filhos correm certo risco pelo fato de um dos avós sofrer de alguma enfermidade, ser dado ao esquecimento ou estar envolvido em coisas que não são boas para as crianças. Mesmo nesses casos, porém, os pais ainda podem levar os netos para uma visita aos avós no dia do aniversário. Ou os avós podem se encontrar com os pais e os netos em algum lugar. Claro que, se houver qualquer tipo de abuso por parte de um dos avós, nada disso deve ser feito. Mas essa situação que descrevi anteriormente foi mais um ato de vingança, um castigo para os avós por causa de uma questão de negócios. Infelizmente, isso pune os netos também.

Esse tipo de barreira ao fluir do amor de Deus causa enorme perda aos netos. Não teremos os avós ao nosso lado para sempre. Eles são uma dádiva inestimável. Nem todo mundo os tem, mas todos precisam de pelo menos um deles em sua vida. Ore para que seja rompida qualquer barreira erguida pela dureza de coração ou pela vingança, especialmente quando as necessidades dos netos não estão sendo levadas em consideração.

Outra coisa pela qual devemos orar é para que os avós nunca usem os netos para punir os pais. Sei que isso pode parecer estranho, mas não é tão incomum quanto se possa imaginar.

Sei do caso de pais que não aprovaram a jovem com quem seu filho se casou e, por isso, não compareceram ao casamento nem nunca conheceram seus três netos, dos quais o mais velho já está com dez anos. É difícil imaginar como alguém pode ter um coração tão duro. Eu conheço a jovem esposa desde que ela nasceu, e não há nada que justifique esse comportamento. Esses avós não estão apenas perdendo a grande bênção de ter esses três belos netos em sua vida — os únicos que eles têm —, mas também estão privando os netos do que poderia ser uma grande bênção, por nunca sequer vê-los ou expressar seu amor por eles.

Essas pessoas de quem estou falando são crentes em Cristo! Estão sempre na igreja, adorando a Deus, e no entanto se recusam a perdoar o filho por não se casar com uma jovem de sua escolha. E também não perdoam a nora por "arruinar a vida do filho". Se essa é uma história que acontece com crentes, só posso imaginar a frequência com que isso ocorre com aqueles que não têm o "amor de Cristo" fluindo em sua vida. Felizmente, também conheço os avós do lado da esposa, e são exatamente o oposto. Eles demonstram, de modo consistente, seu amor profundo e incondicional por essas três crianças preciosas e participam intensamente da vida delas.

Detesto até mesmo tocar neste assunto, mas, em certos casos, pode ser necessário orar, por amor a seus netos, para que Deus ajude você a amar seu genro ou sua nora como ele deseja. Sou abençoada por não ter problemas nessa área, pois tanto minha nora como meu genro são pessoas maravilhosas e tementes a Deus. Eu os amo muito e agradeço diariamente a Deus por eles. Mas conheço inúmeras pessoas que têm esse tipo de problema, e talvez por uma boa razão. Mesmo que seja assim, isso tem de mudar. Não é da vontade de Deus que tenhamos ressentimentos ou não tenhamos amor no coração por uma nora ou um genro. Isso entristece o Espírito Santo em nós. Se essa é a sua situação, peça a Deus que coloque amor em seu coração por essa pessoa, e depois ore para que ela também tenha por você o amor de Deus no coração. Nós crescemos em amor pela pessoa que oramos, mesmo que possamos não amar o que ela faz ou quem ela é no momento. Podemos amá-la como um filho a quem Deus quer salvar, libertar e ver crescer à semelhança dele. Isso é de extrema importância.

Ore para que em sua família todos os avós amem os pais de seus netos.

O amor cobre e cura tudo. E isso agrada a Deus.

– Minha oração a Deus –

Senhor, elevo a ti os pais de meus netos. (<u>Diga o nome de cada um deles diante de Deus</u>.) Ajuda-os a viver bem como casal e não permitas que contendas ou discussões os afastem um do outro. Ensina-os a buscar harmonia, união e paz em seu lar todos os dias. Oro para que eles se amem mutuamente e não permitam que um espírito de divórcio venha separar sua família. Sei que minhas orações não impedirão uma pessoa egoísta ou voluntariosa de fazer o que pretende, mas também sei que tu ouves minhas orações e podes capacitar essa pessoa a ouvir-te melhor, se ela assim desejar.

Oro para que cada um dos pais de meus netos seja capaz de expressar amor pelos filhos de modo que estes possam claramente perceber, para que sempre se sintam amados. Enche o coração dos pais com o teu amor, para que ele venha a fluir dos pais para os filhos. Dá-lhes sinais evidentes de amor — como misericórdia, perdão, paciência, generosidade, aceitação e encorajamento —, não só para com os filhos, mas também de um para com o outro. Faz que não se esqueçam de colocar os filhos — depois de seu amor por Deus e de um pelo outro — como prioridade. Concede-lhes a capacidade de expressar amor aos filhos de maneira que fique evidente para eles.

Nos casos em que os pais já se divorciaram, oro para que os corações sejam abrandados de modo que o amor divino seja visto entre os pais, de um pelo outro bem como pelas crianças. Não permitas que sacrifiquem os filhos no altar do vício pelo trabalho ou outras ambições egoístas. Oro para que os pais nunca usem os filhos para punir um ao outro ou os avós, motivados por um espírito de vingança, pois isso é totalmente contrário à tua vontade. Ajuda-os a colocar as necessidades dos filhos antes de suas necessidades pessoais. Somente tu podes operar tudo isso no coração dos envolvidos.

Oro em nome de Jesus.

~ A Palavra de Deus para mim ~

Amados, visto que Deus tanto nos amou, certamente devemos amar uns aos outros. Ninguém jamais viu a Deus. Mas, se amamos uns aos outros, Deus permanece em nós, e seu amor chega, em nós, à expressão plena.
1João 4.11-12

Amados, continuemos a amar uns aos outros, pois o amor vem de Deus. Quem ama é nascido de Deus e conhece a Deus.
1João 4.7

Se eu falasse as línguas dos homens e dos anjos, mas não tivesse amor, seria como um sino que ressoa ou um címbalo que retine.
1Coríntios 13.1

*Ajudem a levar os fardos uns dos outros e obedeçam,
desse modo, à lei de Cristo.*
Gálatas 6.2

*Se eu tivesse o dom de profecias, se entendesse todos os mistérios de Deus
e tivesse todo o conhecimento, e se tivesse uma fé que me permitisse
mover montanhas, mas não tivesse amor, eu nada seria.*
1Coríntios 13.2

3
Senhor, ajuda meus netos a entender quanto tu os amas

Muitas pessoas têm chegado à idade adulta, e até mesmo à velhice, sem nunca saber ou entender quanto são amadas por Deus. E o resultado é muitas vezes uma alma sem descanso, um coração aflito e uma vida cheia de problemas. Não queremos isso para nossos netos. Nem para nossos filhos. Nem para nós mesmos.

Quanto mais cedo seus netos souberem quanto Deus os ama, melhor a vida deles será. Quanto mais souberem sobre quem é Jesus e o que ele fez, mais entenderão a profundidade do amor de Cristo. Quanto mais tempo passarem com Jesus, falando com ele em oração e ouvindo-o falar a seu coração, mais felizes serão.

Jesus disse que o reino de Deus só pode ser encontrado, ou experimentado, por pessoas que vêm a ele com o coração como o de uma criança.

Quando as pessoas em torno de Jesus começaram a trazer os filhos para que ele pudesse tocá-los, os discípulos as repreenderam porque pensavam que as crianças não eram importantes o suficiente para tomar o tempo do Mestre. Ao ver o que estava acontecendo, Jesus ficou contrariado e disse: *"Deixem que as crianças venham a mim. Não as impeçam, pois o reino de Deus pertence aos que são como elas"* (Mc 10.14). E passou a explicar isso, dizendo: *"quem não receber o reino de Deus como uma criança de modo algum entrará nele"* (v. 15). Então ele as tomou nos braços e as abençoou.

Jesus ama as crianças, especialmente sua humildade e pureza de coração.

Levei muito tempo para perceber quanto Deus me ama. A vida toda me senti rejeitada, mesmo anos depois de ter aceitado o Senhor. Sentia o amor de Deus na igreja que frequentava. Era algo palpável. Eu via esse amor nos irmãos e nos pastores, pessoas nas quais o Espírito Santo de Deus habitava. A Bíblia diz: "Vocês, porém, não são controlados pela natureza humana, mas pelo Espírito, se de fato o Espírito de Deus habita em vocês. *E, se alguém não tem o Espírito de Cristo, a ele não pertence*" (Rm 8.9). Isso significa que, quando recebemos Jesus, temos seu Espírito de amor, paz e alegria habitando em nosso coração. Esse é o primeiro passo para receber o amor de Deus. Mas por que alguns de nós demoram tanto para realmente acreditar nisso?

Depois que aceitei o Senhor, aprendi que Deus ama outras pessoas. Mas simplesmente não acreditava que ele me amasse. Sei que é uma explicação curta e abreviada de por que me sentia assim, mas tinha a ver com minha própria falta de perdão em relação a meu pai por nunca ter me livrado dos abusos que minha mãe havia cometido. Uma conselheira cristã que já tinha me auxiliado numa jornada de grande libertação levantou essa questão para mim e explicou o que Deus tinha lhe revelado. Vim a perceber que, quando as pessoas que deveriam amar você não amam — ou você *sente* que elas não amam —, ergue-se uma barreira em seu coração que a impede de acreditar plenamente que *qualquer um* possa amá-la, incluindo Deus. Torna-se difícil confiar no amor.

Se houver falta de perdão — não só em relação ao agressor,

mas também a quem não pôs fim ao abuso —, isso nos impedirá de receber restauração completa. Nossa vida é bloqueada de modo que não conseguimos receber plenamente o amor de Deus porque não confiamos nele o bastante para receber tudo que ele tem para nós. Assim que reconheci a falta de perdão em meu coração e a confessei ao Senhor, perdoei meu pai. (Eu já tinha perdoado minha mãe.) Foi então que comecei, de fato, a sentir o amor de Deus por mim. E esse amor tem crescido a cada ano desde então.

Explicando o amor de Deus aos netos

O primeiro lugar em que os filhos veem o amor de Deus é em seus pais. Mas, se um dos pais expressar somente julgamento e nenhuma misericórdia, o filho crescerá vendo apenas coisas negativas em si mesmo. Isto é, a menos que alguém reforce quanto ele é amado — por Deus, pelos pais, pelos avós e por outros membros da família. Nas situações em que o amor profundo e incondicional de Deus, que nunca falha, não estiver presente no coração de um dos pais, pode ser que os avós sejam os únicos na vida do neto a manifestar o maravilhoso amor que Deus sente por essa criança.

Peça a Deus que ajude você a explicar a seus netos, de forma apropriada à idade deles, quanto Deus os ama e quer que falem com ele em oração. Você pode dizer que Deus está sempre com eles e que ele deseja guiá-los e ajudá-los a fazer o que é certo. Pode também assegurá-los de que Deus quer protegê-los e dar-lhes o que precisarem.

Nunca é cedo demais para ensinar uma criança a orar; quanto antes pudermos ensinar os netos a falar com Deus, mais cedo começarão a conhecê-lo e a entender seu amor por eles.

Meu marido e eu ensinamos nossos filhos logo cedo a unir as mãozinhas e agradecer a Deus pelo alimento, e a orar para que Deus os ajudasse durante o dia e os protegesse à noite, quando fossem dormir. Eles aprenderam a agradecer a Deus por tudo e a orar por outras pessoas que precisassem de ajuda. A oração sempre esteve presente na vida deles.

Vimos nosso filho e nossa nora ensinarem seus filhos a orar desde quando tinham 1 ano de idade. Gostamos muito de ver aquelas mãos pequenininhas unidas em oração, agradecendo a Deus pelo alimento ou orando antes de dormir. Tentamos reforçar tudo que os pais estão fazendo sempre que nossos netos vêm passar a noite com a gente.

Gostaria de enfatizar que, assim como nunca é cedo demais para ensinar uma criança a orar, também nunca é tarde demais.

Mesmo que os netos sejam mais velhos ou já adultos e, pelo que você saiba, eles não oram, ainda pode lhes perguntar se permitem que você ore *por* eles. Ou talvez *com* eles. Pode parecer difícil começar essa prática, mas você pode perguntar se têm alguma necessidade ou preocupação pela qual querem que você ore. Descobri que a maioria das pessoas, mesmo as que não têm fé, não rejeita uma oração. E isso vale especialmente vindo de avós cujo neto sabe que eles o amam.

A paz que queremos que nossos netos conheçam é do tipo que vem somente de Deus. Excede o entendimento humano. É a paz que encontramos em meio aos problemas, à dor, ao caos e à turbulência, uma paz do tipo que não faz o menor sentido à luz do que está acontecendo. Nós temos a paz que excede todo o entendimento por causa do Espírito divino de amor e paz que habita em nós.

Saber quanto Deus nos ama nos traz grande paz, uma paz que não é possível sem ele.

Tenho em casa um livro que toca a música "Jesus me ama" cantada por crianças pequenas. Quando minha neta de 2 anos vem para cá, ela corre até esse livro e aperta o botão, para que a música toque enquanto ela olha as ilustrações que retratam como Jesus demonstra seu amor por nós. Em seguida, aperta o botão novamente para poder cantar e dançar junto com a música. Da boca dos pequeninos vem o perfeito louvor. Ela repete aquela música uma porção de vezes, e garanto que, quando ela vai embora, a canção ainda está tocando em sua mente e em seu coração. Sei disso porque certamente continua a tocar em minha mente e em meu coração.

Sempre que tiver oportunidade, converse com seus netos sobre todas as coisas boas que existem na vida deles e como todas elas vêm de Deus, porque ele os ama. Diga-lhes que o amor é como o vento: não se pode vê-lo, mas se pode senti-lo. Mostre-lhes as inúmeras maneiras pelas quais Deus demonstra amor por eles. Mostre-lhes que Deus lhes deu família, casa, alimento, sol, chuva e proteção, e aponte como ele provê às necessidades deles. Conte-lhes sobre as promessas de Deus na Bíblia e como ele as cumpre porque os ama. Garanta-lhes que nada pode separá-los do amor de Deus. Mesmo quando fizerem algo errado, Deus nunca deixará de amá-los. Ele só pede que venham até ele e digam: "Senhor, sinto muito pelo que fiz; não quero nunca mais fazer isso". E Deus promete perdoá-los e não permitir que nada os separe de seu amor.

Acima de tudo, ore para que Deus derrame seu Espírito de amor sobre seus netos e sobre os pais deles, para que vivam na paz que só o amor de Deus pode dar.

Nossa vida é sempre mais feliz quando confiamos no amor de Deus por nós.

~ Minha oração a Deus ~

Senhor, oro para que derrames teu amor sobre a vida de meus netos (Diga o nome de cada um deles diante de Deus.) Sei que eles nunca poderão ter paz verdadeira em si mesmos até que estejam em paz contigo. Oro para que meus netos possam conhecer-te bem e ter o coração preenchido com o amor, a paz, e a alegria que vêm de ti. Ajuda-os para que "experimentem esse amor, ainda que seja grande demais para ser inteiramente compreendido", de modo que conheçam quem tu és e o que tens para eles (Ef 3.19). Abre-lhes o coração para que confiem que nada pode separá-los do teu amor, nem mesmo os erros que cometerem. É por isso que, quando eles te dizem que sentem muito e prometem não cometer o mesmo pecado, tu os perdoas. Ensina-lhes que tu amas todos nós o suficiente para nos corrigir quando saímos do caminho que tens para nós.

Ajuda-me a ensinar meus netos que, ao olharmos para Deus em primeiro lugar, tu nos provês tudo de que precisamos, porque nos amas. Ajuda-me a ensiná-los de modo que eles possam compreender que a tua Palavra diz: "Busquem, em primeiro lugar, o reino de Deus e a sua justiça, e todas essas coisas lhes serão dadas" (Mt 6.33). E diz também: "Provem e *vejam que o* S*enhor é bom!* Como é feliz o que nele se refugia!" (Sl 34.8). E ainda: "*os que o temem terão tudo de que precisam*" (Sl 34.9) e *"aos que buscam o* S*enhor nada de bom faltará"* (Sl 34.10).

Ajuda-me a explicar a meus netos que tu estás sempre perto deles e que nunca estão sozinhos. Tu te importas tanto com cada detalhe da vida deles que queres que falem contigo em oração todos os dias.

Oro em nome de Jesus.

~ A Palavra de Deus para mim ~

Deus mostrou quanto nos amou ao enviar seu único Filho ao mundo para que, por meio dele, tenhamos vida.
1João 4.9

E estou convencido de que nem morte nem vida, nem anjos nem demônios, nem o que existe hoje nem o que virá no futuro, nem poderes, nem altura nem profundidade, nada, em toda a criação, jamais poderá nos separar do amor de Deus revelado em Cristo Jesus, nosso Senhor.
Romanos 8.38-39

Esse amor não tem medo, pois o perfeito amor afasta todo medo. Se temos medo, é porque tememos o castigo, e isso mostra que ainda não experimentamos plenamente o amor.
1João 4.18

*"Acaso sou Deus apenas de perto?", diz o S*ENHOR*.*
"Não sou Deus também de longe?"
Jeremias 23.23

Então Cristo habitará em seu coração à medida que vocês confiarem nele. Suas raízes se aprofundarão em amor e os manterão fortes. Também peço que [...] vocês experimentem esse amor, ainda que seja grande demais para ser inteiramente compreendido. Então vocês serão preenchidos com toda a plenitude de vida e poder que vêm de Deus.
Efésios 3.17-19

4

Senhor, ensina meus netos a honrar pai e mãe

O quinto mandamento diz: "Honre seu pai e sua mãe. *Assim você terá vida longa e plena na terra que o* SENHOR, *seu Deus, lhe dá*" (Êx 20.12).

Paulo disse: "*Filhos, obedeçam a seus pais* no Senhor, porque isso é o certo a fazer. 'Honre seu pai e sua mãe.' *Esse é o primeiro mandamento com promessa. Se honrar pai e mãe, 'tudo lhe irá bem e terá vida longa na terra'*" (Ef 6.1-3).

Todos nós queremos que nossos netos vivam bem e tenham vida longa. É por isso que as crianças devem ser ensinadas a honrar seus pais.

É responsabilidade dos pais insistirem para que os filhos os respeitem, mas alguns não fazem isso. Quem manda na casa são os filhos em vez dos pais. É por isso que devemos orar para que os pais de nossos netos reconheçam que desobediência, falta de educação ou comportamentos inaceitáveis por parte de um filho são um sinal de desrespeito à autoridade dos pais e não devem ser tolerados. Os pais que permitem isso estão fazendo um desserviço a seus filhos e predispondo-os a muitos problemas no futuro.

Ore para que seus netos sejam ensinados a ser respeitosos e obedientes aos pais e que estes não permitam que seus filhos falem ou ajam de maneira desrespeitosa com eles. A Bíblia diz: "O filho que maltrata o pai ou manda embora a mãe causa vergonha e desonra pública" (Pv 19.26). Evidentemente, os pais devem ser amorosos, bondosos, justos e confiáveis com os filhos, a fim de que estes compreendam que, assim como Deus, seus pais também sabem o que é melhor para eles.

Se você tem um neto ou uma neta que está mostrando uma atitude desrespeitosa com os pais, ore para que Deus intervenha. Peça a Deus por uma oportunidade para explicar a esse neto que Deus exige respeito e obediência de *todos*, porque ele deseja o melhor para nós. Deus diz a *todos* nós, mesmo aos adultos, que, se quisermos ter uma vida longa e boa, devemos honrar nossos pais.

Se um dos pais de seus netos tem se mostrado desrespeitoso com *você*, ore para que haja convicção desse pecado no coração dele, e até mesmo uma confissão diante de Deus. Um pedido de desculpas não seria má ideia, mas não o force a fazer isso. Provavelmente também não seja uma boa ideia ficar relembrando o assunto toda hora. Em vez disso, você pode demonstrar sua capacidade de perdoar e seguir em frente, deixando que Deus trate do restante.

Faça o que puder para incutir em seus netos amor e respeito pelos pais.

Peça a Deus que lhe mostre como reforçar regras que os pais tenham estabelecido, mesmo que você possa se sentir tentada a não cumpri-las. Você pode ter primeiro de lutar em oração para resistir a alguma atitude de um neto que não honre os pais. E pode ser que você tenha de resistir a uma atitude semelhante em si mesma, caso não concorde com o que os pais estão exigindo. Peça a Deus que se encarregue da situação, para que quaisquer pensamentos de desonra ou desrespeito sejam eliminados.

Lembre-se, o papel dos pais é ser pai e mãe, é disciplinar e criar seus filhos. E nosso papel é ser avós e amar os netos, não importa o que eles façam.

Mesmo que um dos pais tenha feito algo que não seja digno de honra, Deus ainda assim exige que os filhos não façam nada que desonre o pai ou a mãe. Um filho não tem de ter a melhor das amizades com uma mãe ou um pai abusivo, mas pode honrá-lo à distância ao menos por ter lhe dado vida. Isto é, a menos que os netos lhe tenham sido entregues para que você os eduque. Se isso acontecer, ponha-se de joelhos e ore para que eles obedeçam e honrem a você como fariam a seus pais.

– Minha oração a Deus –

Senhor, elevo a ti meus netos. (<u>Diga o nome de cada um deles diante de Deus</u>.) Oro para que tu os ensines a honrar os pais. Ajuda os pais a entender por que é importante exigir isso dos filhos e não permitir que eles mandem na família. Revela-lhes tudo que tua Palavra diz a esse respeito. Dá-lhes a compreensão de como essa atitude é importante para que seus filhos tenham uma vida longa e de qualidade.

Dá a cada um de meus netos um coração humilde, que receba instrução e não se revolte contra ela. Sei que toda criança testa os limites, por isso oro para que os pais deixem esses limites bem claros. Concede aos pais a capacidade de serem consistentes em suas regras e exigências, sem serem impiedosos e sem amor. Dá-lhes amor e a capacidade de cuidar de forma responsável dos filhos, para que estes não se sintam frustrados nem irados.

Dá a cada um de meus netos o desejo de ter uma vida longa e boa, fruto da atitude de honrar pai e mãe, algo que também honra a ti. Ajuda-me a incentivá-los a agir assim e mostra-me como posso reforçar neles essa postura de respeito.

Quando meus netos ficarem sob meus cuidados, ajuda-me a honrar as instruções e os pedidos de seus pais, para que eu nunca venha a incentivá-los a desobedecer a quaisquer regras e exigências. Dá-me palavras que os ajudem a entender quem são seus pais e quanto merecem respeito. Se qualquer de meus netos for mais velho e houver necessidade de perdão entre ele e os pais, peço que abras as portas para isso. Capacita-me a incentivar que essa restauração aconteça. E, se nada parecido aconteceu na família de meu neto, peço que nunca venha a acontecer.

Oro em nome de Jesus.

~ A Palavra de Deus para mim ~

Filhos, obedeçam sempre a seus pais, pois isso agrada ao Senhor.
Colossenses 3.20

*Quem insulta o pai ou a mãe terá sua luz apagada
na mais absoluta escuridão.*
Provérbios 20.20

*O olho de quem zomba do pai e despreza as instruções da mãe será
arrancado pelos corvos do vale e devorado pelos abutres.*
Provérbios 30.17

*Estavam sentados na escuridão e em trevas profundas,
presos com as algemas de ferro do sofrimento.
Rebelaram-se contra as palavras de Deus
e desprezaram o conselho do Altíssimo.
Por isso ele os sujeitou a trabalhos pesados;
caíram, e não houve quem os ajudasse.*
Salmos 107.10-12

*Ouça seu pai, que lhe deu vida, e não despreze
sua mãe quando ela envelhecer.*
Provérbios 23.22

5

Senhor, dá a cada um de meus netos um coração que não tarda em perdoar

Nossos netos precisam entender que *todos* os mandamentos e regras de Deus são para o nosso bem e foram dados porque ele nos ama. Quando obedecemos a suas regras, a vida caminha melhor. Por exemplo, Deus quer que estejamos sempre prontos a perdoar, pois, quando não somos assim, os únicos a serem torturados por isso somos nós mesmos.

Quando Pedro perguntou a Jesus quantas vezes ele precisava perdoar alguém, Jesus respondeu: "Não sete vezes, mas setenta vezes sete" (Mt 18.21-22.) Então, deu o exemplo de um rei que perdoou seu servo de uma dívida *imensa*, mas esse mesmo servo depois saiu e se recusou a perdoar um companheiro que lhe devia uma *pequena* quantia.

Ao descobrir o que o servo fizera, "irado, o senhor *mandou o homem à prisão para ser torturado* até que lhe pagasse toda a dívida" (Mt 18.34). Jesus disse: *"Assim também meu Pai celestial fará com vocês caso se recusem a perdoar de coração a seus irmãos"* (v. 35).

Impossível ser mais claro. Deus nos perdoou. Nós devemos perdoar os outros.

Quando não perdoamos como nosso Pai celestial nos perdoa, ficamos com a alma torturada. Ninguém escapa disso. E essa tortura não passa até que perdoemos. A falta de perdão impede que a vida flua como deveria, e isso nos torna infelizes, porque há uma barreira entre Deus e nós, que só vai embora quando deixamos a ofensa passar.

Ore para que seus netos não apenas aprendam a ser pessoas que perdoam, mas também que não *tardem* em perdoar. Quanto mais tempo levarem para perdoar, maior o preço cobrado de seu corpo, sua mente, suas emoções e sua vida. Insistir na falta de perdão significa que eles não serão capazes de seguir verdadeiramente com a vida até que liberem o perdão. Pessoas que têm dificuldade em perdoar com rapidez não saem do lugar. E não apenas isso, mas de alguma forma sofrem física, mental e espiritualmente.

Há muitas famílias desintegradas e, por sua vez, muitos relacionamentos desintegrados nas famílias, porque as pessoas não foram ensinadas a perdoar. Algumas, quando adultas, rompem todos os laços com seus irmãos, pais ou outros membros da família, por causa de um coração que se recusa a perdoar. Esse tipo de desobediência não compensa as consequências torturantes que a pessoa sofre. Se você souber de algo desse tipo em sua família ou na família de seus netos, suas orações podem fazer grande diferença.

Suas orações podem ajudar a abrandar o coração das pessoas para que possam ouvir melhor o que Deus tem a dizer sobre a necessidade de perdoar.

Jesus disse: "*o que vocês ligarem na terra terá sido ligado no céu, e o que desligarem na terra terá sido desligado no céu*" (Mt 18.18). Eu costumava imaginar como seria encontrar no céu alguém que tivesse feito algo de ruim para você ou sua família, mas que mais tarde se arrependeu, recebeu Jesus e foi para o céu quando morreu. Se você não tivesse perdoado essa pessoa na terra, será que isso poderia vir a se tornar um problema para você, e não para ela, quando chegasse ao céu? Seja qual for a resposta, é melhor cuidar da falta de perdão o mais cedo possível.

Jesus disse: "Quando estiverem orando, *se tiverem alguma coisa contra alguém, perdoem-no, para que seu Pai no céu também perdoe seus pecados*" (Mc 11.25). Isso significa que, antes mesmo de orar, devemos perdoar alguém que ainda não perdoamos por completo. Aqueles de nós que tiverem em sua vida ofensores reincidentes podem ter de perdoar a mesma pessoa diversas vezes. Como Jesus deu a entender, devemos perdoar tanto quanto for preciso.

Jesus também disse que, se não perdoarmos os outros, Deus não nos perdoará. Isso é um problema muito sério. Significa que há coisas cruciais que não fluirão em nossa vida se não praticarmos o perdão.

Determine-se a ser para seus netos um exemplo piedoso de alguém que perdoa. Peça a Deus que lhe mostre se você precisa perdoar alguém por algo que aconteceu no passado, mesmo que esse passado seja ontem. Não queremos que nossos filhos e netos herdem de nós um espírito de amargura. A falta de perdão pode ser um traço de família. Todos já conhecemos famílias em que a atitude de *não* perdoar é perpetuada. Seja decidida a que isso *não* se perpetue em *você* ou em *sua* família. Torne-se uma guerreira que ora contra qualquer sinal de falta de perdão que possa haver em seus filhos e netos, para que eles caminhem na direção de tudo que Deus reserva para eles.

O perdão é um ato de amor que estendemos — quer a outra pessoa mereça, quer não — porque Deus, em seu amor, nos perdoou.

As crianças aprenderão a perdoar assim que forem capazes de compreender o que isso significa. Ajuda muito quando elas veem o perdão exemplificado na vida dos pais. Mas, ainda que isso não aconteça, elas podem vê-lo exemplificado em você, em sua vida. Porque deixamos um legado espiritual para nossos filhos e netos (veja o capítulo 8), cabe a nós perdoar toda e qualquer pessoa que for preciso, para que a falta de perdão não se torne um hábito difícil de ser mudado.

Um dos maiores benefícios de conhecer a Deus é que ele perdoa nossos pecados e nos liberta de suas consequências. Ele nos pede que perdoemos. Isso nos liberta das consequências torturantes de não fazê-lo.

Isso é o mínimo que podemos fazer por tudo que Deus fez por nós.

– Minha oração a Deus –

Senhor, elevo a ti meus netos. (<u>Diga o nome de cada um deles diante de Deus</u>.) Oro para que tenham um coração que não tarde em perdoar. Que nenhuma raiz de amargura lhes distorça o coração pelo fato de se recusarem a perdoar alguma ofensa. Ajuda-os a entender a extensão do teu amor, da tua misericórdia, do teu perdão e do teu desejo de que eles sejam amorosos, misericordiosos e perdoadores.

Revela qualquer lugar, em meu coração e em minha mente, em que eu não tenha perdoado ou tenha culpado alguém por algo ruim que aconteceu e não tenha me libertado disso. Não quero carregar um fardo excessivo sobre mim, que impedirá que minhas orações sejam respondidas e dificultará que eu receba as bênçãos que tens para mim.

Não quero que meus netos herdem nenhum traço negativo que os impeça de receber tudo que reservaste para eles.

Ajuda os pais de meus netos a serem também pessoas perdoadoras. Onde houver falta de perdão em seu coração — especialmente em relação ao cônjuge —, peço que tragas abaixo essa fortaleza torturante e a reduzas a pó. Faz que se recusem a perpetuá-la por mais tempo. Abre-lhes o coração para que reconheçam os danos causados pela falta de perdão e ajuda-os a decidir não mais viver dessa maneira.

Faz de mim uma influência boa e piedosa na vida de meus netos. Mostra-me como guiá-los pelo caminho do amor, da misericórdia e do perdão. Faz que aprendam a perdoar *sem demora* e *por completo*, para que nunca sejam torturados pela falta de perdão — e para que teu plano para a vida deles nunca seja afetado.

Oro em nome de Jesus.

~ A Palavra de Deus para mim ~

Mas, se vocês se recusarem a perdoar os outros,
seu Pai não perdoará seus pecados.
Mateus 6.15

Eu, porém, lhes digo: amem os seus inimigos e orem por quem os persegue. Desse modo, vocês agirão como verdadeiros filhos de seu Pai, que está no céu. Pois ele dá a luz do sol tanto a maus como a bons e faz chover tanto sobre justos como injustos.
Mateus 5.44-45

E perdoa nossas dívidas, assim como perdoamos os nossos devedores.
Mateus 6.12

Todo o meu ser louve o SENHOR;
que eu jamais me esqueça de suas bênçãos.
Ele perdoa todos os meus pecados
e cura todas as minhas doenças.
Salmos 103.2-3

Em vez disso, sejam bondosos e tenham compaixão uns dos outros,
perdoando-se como Deus os perdoou em Cristo.
Efésios 4.32

6
Senhor, ensina a meus netos formas de demonstrar que amam a ti

Todos nós conhecemos pessoas — adultos e crianças — que gostam de reclamar. Elas encontram poucos motivos para ser gratas. Todo dia se queixam de algo em vez de enxergar o que há de bom em sua vida. São infelizes e angustiadas. Seu copo está sempre meio vazio em vez de meio cheio. Não queremos esse destino para nossos netos. Nunca ser grato pelo que têm os levará a uma vida infeliz que os impedirá de seguir na direção de tudo que Deus tem para eles.

Ter um coração grato é uma atitude que fará bem a uma criança por toda a sua vida.

Ore para que seus netos conheçam a Deus, compreendam seu amor e confiem que ele cuidará deles. Ser dependente de Deus em tudo e ser grato por tudo que ele faz por eles, todos os dias, criará em seus netos um coração que sabe dar graças. Ore também para que aprendam a expressar amor por Deus com gratidão e louvor, a fim de que vejam como essa atitude lhes abrirá a vida para todas as bênçãos maravilhosas que o Senhor lhes reserva.

Tudo isso, claro, é algo que se aprende gradativamente em cada fase de desenvolvimento da vida. Uma criança de 3 anos pode agradecer a Deus pelo alimento, pela família e pelos animais de estimação, por exemplo. Uma de 9 anos pode escolher agradecer a Deus por seus pais, amigos, professores e lar. Uma de 13 anos pode louvar a Deus como o Doador de tudo que é bom na vida, como amor, orientação, proteção, amigos e saúde. A Bíblia diz: "Deem graças ao SENHOR, porque ele é bom" e "Seu amor dura para sempre!" (Sl 136.1). A bondade e a misericórdia de Deus por si sós já são toda a razão de que precisamos para adorá-lo.

Um coração repleto de gratidão e louvor, em vez de um espírito de queixa e reclamação, abre os canais pelos quais as bênçãos de Deus fluem em nossa vida.

O primeiro passo para ser uma pessoa grata é saber que Deus é bom — *o tempo todo*. Ser capaz de reforçar essa verdade para seus netos é de vital importância. Ensiná-los a reconhecer tudo que há de bom na vida, todos os dias, e dizer: "Obrigado, Senhor, por tudo isso" é algo poderoso. E ensinar-lhes que Deus continua a ser bom, mesmo quando algo ruim acontece, dá a eles inúmeras razões para serem gratos.

Eu ensinei minha filha e meu filho a olhar para situações em que estivessem preocupados e dizer: "O que há de bom nesta situação?". Encontrar um lado bom e agradecer a Deus por isso leva a pessoa a ter um coração repleto de louvor. E é um coração assim que Deus quer encher com amor, paz, alegria, beleza e poder. Em outras palavras, com mais de si mesmo.

Quem não precisa disso?

Essa é uma questão muito importante para nossos netos. Ser grato a Deus firmará seu coração mais perto dele. E, quando estão conectados a Deus de modo que a vida do *Senhor* esteja *neles*, estão vivendo em *seu* reino.

Ore especialmente para que seus netos cresçam apreciando quem Deus os criou para ser. Ficar sempre se comparando com alguém e se sentindo aquém das expectativas é uma atitude fadada ao desastre, especialmente entre irmãos. Cada criança é única e possui talentos e habilidades especiais, e precisa ser reafirmada disso. Os pais muitas vezes estão ocupados demais para assumirem sozinhos essa tarefa, de modo que você pode ser a pessoa que reafirmará a cada neto que ele é único e que Deus tem grandes planos e propósitos para a vida dele. (Leia mais sobre isso nos capítulos 24 e 25.)

Sua atitude de reforçar, de forma constante e consistente, a personalidade e o valor de cada neto incentivará essa criança a ser grata por aquilo que é. Orientá-los para que expressem gratidão a Deus por tudo criará neles um coração voltado para o louvor e a adoração, e os ajudará a se tornar pessoas que têm o hábito de serem gratas diariamente.

Orar por seus netos nesse sentido impactará a vida deles para sempre. Isso lhes tirará dos ombros o fardo de se sentirem inadequados — ou nem ao menos permitirá que esse sentimento se aproxime deles — e os ajudará a apreciar quem Deus os criou para ser. Um coração adorador é um coração que acolhe tudo que o Senhor quer derramar em sua vida.

A Bíblia diz: "Sim, eles conheciam algo sobre Deus, mas *não o adoraram nem lhe agradeceram. Em vez disso, começaram a inventar ideias tolas e, com isso, sua mente ficou obscurecida e confusa*" (Rm 1.21). Não queremos que nossos netos comecem a ter pensamentos fúteis e tolos por não terem sido ensinados a ser gratos a Deus. A Bíblia também diz: "*ofereçamos um sacrifício constante de louvor a Deus*, o fruto dos lábios que proclamam seu nome" (Hb 13.15).

Então, façamos isso. A começar por *nós*. Vamos agradecer e louvar a Deus com tanta frequência que isso penetre no coração dos que estão à nossa volta, especialmente de nossos netos.

– Minha oração a Deus –

Senhor, elevo a ti meus netos. (<u>Diga o nome de cada um deles diante de Deus</u>.) Oro para que os ajudes a entender quão bom tu és, em todo o tempo. Ajuda-os a aprender que tu nos perdoas, curas, salvas da destruição, mostras tua bondade e sempre és amoroso e misericordioso (Sl 103). Ajuda cada neto a entender quem tu realmente és, para que aprendam a amar a ti acima de todas as coisas. Oro para que a clara compreensão de quem tu és os leve a nunca permitir que alguém ou alguma coisa se coloque entre eles e o amor que sentem por ti. Ajuda-os a pensar em ti como seu maior tesouro, de modo que abram espaço no coração para ti e para tudo que tens para eles.

Tua Palavra diz: "Que cada geração conte a seus filhos sobre tuas obras e proclame teu poder" (Sl 145.4). Oro para que me ajudes a falar a meus netos de minha gratidão por ti, por tudo que fizeste por mim, assim como por eles. Ajuda-me a expressar louvor por tudo que tu és e fazes, a fim de que aprendam a imitar essa atitude. E, se qualquer um de meus netos tiver uma tendência a reclamar ou a não ser grato, oro para que lhes transformes o coração em um coração que dá graças. Mostra-me como incentivá-lo a fazer isso.

Ensina meus netos a abrir espaço no coração para o amor de Deus, expressando diariamente o amor que sentem por ti. Agradeço porque, à medida que te louvam, o coração deles se abre para que tu possas derramar ali mais de teu amor, de tua alegria e de tua paz. Tua Palavra diz: "Onde seu tesouro estiver, ali também estará seu coração" (Mt 6.21). Ajuda meus netos a fazer de ti o seu maior tesouro. Capacita-me a ensinar-lhes que nós te amamos porque tu nos amaste primeiro, e que amar a ti é a primeira e mais importante coisa que fazemos em nossa vida (1Jo 4.19).

Oro em nome de Jesus.

– A Palavra de Deus para mim –

Ame o Senhor, seu Deus, de todo o seu coração, de toda a sua alma, de toda a sua mente e de todas as suas forças.
Marcos 12.30

Teu amor é melhor que a própria vida;
com meus lábios te louvarei.
Sim, te louvarei enquanto viver;
a ti em oração levantarei as mãos.
Salmos 63.3-4

É bom dar graças ao SENHOR
e cantar louvores ao Altíssimo.
É bom proclamar de manhã o teu amor
e, de noite, a tua fidelidade.
Salmos 92.1-2

Ofereçam a Deus seu sacrifício de gratidão
e cumpram os votos que fizerem ao Altíssimo.

*Então clamem a mim em tempos de aflição;
eu os livrarei, e vocês me darão glória.*
Salmos 50.14-15

*Graças te dou, SENHOR, de todo o meu coração
[...] por teu amor e tua fidelidade.*
Salmos 138.1-2

7
Senhor, ensina meus netos a amar as pessoas como tu amas

Deus quer que amemos as pessoas como ele nos ama: de forma incondicional, inabalável e perfeita. Mas não conseguimos fazer isso sozinhos. O amor humano é imperfeito, inconstante e falível.

O amor divino, no entanto, é perfeito. Ele nunca falha. É por isso que precisamos do amor de Deus em nós para amarmos os outros. Jesus disse: "Este é meu mandamento: *Amem uns aos outros como eu amo vocês*" (Jo 15.12). Ele também disse que amá-lo e amar o próximo eram os dois maiores mandamentos.

Jesus disse: "*Quando vocês obedecem a meus mandamentos, permanecem no meu amor*, assim como eu obedeço aos mandamentos de meu Pai e permaneço no amor dele. Eu lhes disse estas coisas *para que fiquem repletos da minha alegria*. Sim, sua alegria transbordará!" (Jo 15.10-11). Em outras palavras, quando vivemos no caminho do Senhor, vivemos em seu amor, e isso nos traz alegria e satisfação.

Deus diz que nosso amor pelos outros é o sinal de que o conhecemos. É um dos frutos de seu Espírito que habita em nós. Quanto mais tempo passarmos com Deus, em sua Palavra, em oração, louvor e adoração, mais de seu amor poderá ser encontrado em nosso coração. Isso significa que teremos mais amor para oferecer aos outros.

A Bíblia diz: "Ninguém jamais viu a Deus. Mas, se amamos uns aos outros, Deus permanece em nós, e seu amor chega, em nós, à expressão plena" (1Jo 4.12). Ou seja, embora ninguém jamais tenha realmente visto a Deus, as pessoas podem vê-lo *em nós* sempre que oferecemos amor a *elas*. Amar as pessoas agrada a Deus e dá sentido à vida. Mas não podemos verdadeiramente amá-las enquanto não amarmos primeiro a Deus e recebermos seu amor por nós. Jesus nos deixou um modo de amarmos os outros por meio do seu Espírito de amor que habita em nós; assim, à medida que expressamos nosso amor por ele, seu amor cresce em nós e transborda para outras pessoas.

Uma das maneiras de mostrar nosso amor por Deus é amando os outros com o amor que ele coloca em nosso coração.

Quando Jesus ordenou que fôssemos perfeitos como "perfeito é [nosso] Pai celestial", ele estava falando *sobre amar como Deus ama* (Mt 5.48). Isso significa amar de forma plena, incondicional e misericordiosa, sem críticas e sem julgamento. Só podemos amar os outros dessa maneira por causa do perfeito amor de Jesus em nosso coração, produzido pelo Espírito Santo de amor.

Amar os outros não significa amar o inimigo de Deus, embora possamos sentir amor por alguém que seja *influenciado* pelo inimigo de Deus. E podemos demonstrar esse amor orando para que o coração dessa pessoa seja quebrantado por Deus e se abra para a verdade de quem ele é.

Por causa do amor de Deus em nós, que nos capacita a orar, podemos cultivar amor por pessoas que nunca pensamos que poderíamos amar.

Deus deseja que nos revistemos do "amor que une todos nós em perfeita harmonia" (Cl 3.14). Isso é algo que decidimos fazer e deliberadamente fazemos.

Podemos orar para que cada um de nossos netos tenha o coração cheio de amor por seus familiares, amigos e outras pessoas. Podemos ajudá-los a ver que têm uma escolha a fazer em relação a amar. Podem deliberadamente escolher obedecer a Deus e amar os outros, e podem pedir a Deus que os ajude a fazer isso.

Ensine seus netos que o amor é *paciente* e *bondoso*. Não é ciumento, nem presunçoso. Não é orgulhoso, nem grosseiro. Não é egoísta, não se irrita nem se aborrece facilmente. O amor não pensa mal dos outros nem se alegra com o sofrimento, mas busca sempre o bem-estar das pessoas (1Co 13.4-8; 10.23-24). Se virmos nossos filhos, netos, ou até nós mesmos, agindo ou pensando de qualquer uma dessas formas negativas, isso significa que não escolhemos amar os outros com o mesmo amor com que Deus nos ama.

A criança que tiver no coração o amor de Deus pelos outros será bem-sucedida.

Queremos que nossos netos tenham sucesso na vida, por isso devemos orar para que aprendam a amar os outros como Deus os ama.

– Minha oração a Deus –

Senhor, elevo a ti meus netos. (Diga o nome de cada um deles diante de Deus.) Peço que lhes coloques no coração o amor pelas outras pessoas, especialmente por seus amigos e familiares, mas também por aqueles que não são fáceis de amar.

Ajuda-os a aprender a amar como tu amas. Ajuda todos nós, como família, a deixar de lado a inveja, o orgulho, a grosseria, o egoísmo e a mania de criticar — atitudes que revelam falta de amor —, para que aprendamos a viver "em amor, seguindo o exemplo de Cristo, que nos amou" (Ef 5.2).

Ensina meus netos a compreender seu mandamento para amar o próximo. Faz que o amor deles pelas pessoas seja o sinal mais importante de que eles conhecem, amam e servem a ti. Se eles, de algum modo, demonstram falta de amor pelos outros, peço que lhes mostres isso. Ajuda-os a ver que as coisas que fizerem sem amor não terão a tua bênção, mas o que fizerem por amor permanecerá para sempre.

Capacita-os a entender que o amor é o que dá sentido a tudo que fazem. Ajuda-os a perceber que um dos maiores presentes de amor que podem dar a alguém é orar por essa pessoa. Caso haja algum amigo, parente, conhecido ou vizinho que esteja lhes causando problemas ou que os odeie, ensina-os a orar por essa pessoa e a entregá-la em tuas mãos. Em vez de pensar em pagar com a mesma moeda, mostra-lhes que a melhor vingança de fato é orar para que essas pessoas difíceis tenham um encontro com Deus que mude a vida delas. Faz que cada um de meus netos se torne uma pessoa cujo coração esteja cheio a ponto de transbordar com o teu amor. Ajuda-me a também dar esse exemplo. Oro em nome de Jesus.

– A Palavra de Deus para mim –

*Acima de tudo, amem uns aos outros sinceramente,
pois o amor cobre muitos pecados.*
1Pedro 4.8

Não se preocupem com seu próprio bem, mas com o bem dos outros.
1Coríntios 10.24

*Ele nos deu este mandamento: quem ama a Deus,
ame também seus irmãos.*
1João 4.21

Mas quem odeia seu irmão ainda está na escuridão e anda na escuridão. Não sabe para onde vai, pois a escuridão o cegou.
1João 2.11

Façam aos outros o que vocês desejam que eles lhes façam.
Lucas 6.31

SEGUNDA SEÇÃO

*Orando pela segurança
e proteção de seus netos*

8
Senhor, ensina-me a ver a herança que deixo como uma avó que ora

No momento em que descobre que será avó, você sente grande alegria. Alguém novo para amar entrará em sua vida e a impactará para sempre. Você pode ter estado envolvida em coisas importantes antes, mas a partir de agora tudo ficará em segundo plano diante desse grande acréscimo à família. Ao ir para a cama naquela noite, você está entusiasmada e feliz. Na manhã seguinte, porém, pode ser que acorde com uma porção de "e se" na cabeça.

E se a mãe do bebê não for capaz de levar a gestação até o fim? E se ela ficar doente? E se sofrer algum acidente? E se algo der errado no desenvolvimento do bebê? E se meu neto sofrer maus-tratos ou for ferido por uma pessoa má? E se a criança não puder frequentar uma boa escola numa área segura?

Pensamentos desse tipo não têm fim e rapidamente a convencerão de que você não tem controle sobre nada disso. O que tem a fazer é exercer a influência que Deus lhe dá em oração e suplicar por proteção.

Mas por onde começar quando há tanto pelo que orar?

Comece pela Palavra de Deus. Ela nos encoraja, nos dá vida e nos edifica a fé.

Os versículos citados na abertura deste livro dizem que o benefício da justiça do Senhor por aqueles que o amam e o servem se estende até os "filhos dos filhos" — ou seja, nossos netos (Sl 103.17). A Bíblia nos diz que o modo como vivemos influencia não só *nossa* felicidade e bem-estar individuais, mas também o de nossos filhos e netos. A Bíblia diz: "Pois ele reforçou as trancas de suas portas e *abençoou seus filhos* dentro de seus muros" (Sl 147.13). Diz também: "*seus descendentes prosperarão em tua presença*" (Sl 102.28). E ainda: "Quem teme o Senhor está seguro; *ele é refúgio para seus filhos*" (Pv 14.26). Isso significa que, porque temos em nós o temor do Senhor, temos nele um lugar de proteção e esperança que também pode ser estendido a nossos filhos e netos.

O oposto é prometido àqueles que *não* amam a Deus nem vivem em seu caminho. É assim que Deus descreve a si mesmo: "Javé! O Senhor! O Deus de compaixão e misericórdia! Sou lento para me irar e cheio de amor e fidelidade. Cubro de amor mil gerações e perdoo o mal, a rebeldia e o pecado. Contudo, não absolvo o culpado; *trago as consequências do pecado dos pais sobre os filhos* até a terceira e quarta geração" (Êx 34.6-7).

É um aviso assustador para os que optam por viver sem Deus. Isso não significa que cada vez que fizermos algo errado nossos filhos sofrerão. Nosso arrependimento e a *recusa em continuar agindo assim* os poupam. Quando vivemos com reverência e amor por Deus e seus caminhos, deixamos uma herança espiritual para nossos netos: "*A pessoa de bem deixa herança para os netos*" (Pv 13.22).

A Bíblia diz que nós, que entregamos a vida a Deus, nos tornamos seus filhos, "pois o seu Espírito confirma a nosso espírito que *somos filhos de Deus. Se somos seus filhos, então somos seus herdeiros e, portanto, co-herdeiros com Cristo"* (Rm 8.16-17). Essa é uma rica herança para nós.

Nosso relacionamento com Deus afeta nossos filhos e netos. É verdade que não substitui o relacionamento deles mesmos com Deus. Eles ainda respondem por isso. E também não significa que, se algo de ruim acontecer a um de nossos netos, a culpa é nossa. Mas significa que nossa obediência a Deus traz consigo bênçãos para nossos descendentes.

A presença de Deus, netos e outros "vícios"

Você pode estar pensando: "Eu nem sempre vivi como Deus deseja". Ou: "Só vim a conhecer o Senhor recentemente". Ou ainda: "Nunca recebi Jesus de verdade em meu coração. Será que essas promessas ainda assim se aplicam a mim?". Sim, elas se aplicam. Digo isso porque nunca é tarde demais para começar um relacionamento com o Senhor. Basta orar: "Querido Jesus, creio que és o Filho de Deus, que morreste em meu lugar para pagar o preço por meus pecados. Tu ressuscitaste dos mortos para garantir que eu possa viver contigo para sempre na eternidade e ter uma vida melhor aqui na terra. Perdoa-me por meus pecados e ajuda-me a viver em teus caminhos de agora em diante".

Uma vez que você fez essa oração e aceitou Jesus, o Espírito dele passa a habitar em seu coração. Agora você tem acesso à presença de Jesus toda vez que orar ou adorá-lo. A presença dele promoverá a maravilhosa realização da pessoa que você foi criada para ser. Você se tornará tão dependente da presença admirável, restauradora e reconfortante de Jesus que nunca mais desejará viver sem ela.

Aceitar Jesus também significa que de agora em diante você poderá ficar livre de maus hábitos ou vícios de comportamento. Desde que ande nos caminhos dele e dependa dele em tudo, ele a capacitará a vencer aquilo que não faz parte da vontade divina para sua vida. Jesus a ajudará a viver a vida que ele morreu para lhe dar — uma vida de bênção, esperança e propósito.

Os netos são uma das maiores bênçãos de Deus, e é muito fácil nos tornarmos viciados neles. Sempre pensar nos netos e querer estar com eles é um *bom* vício. A presença de Deus e os netos são dois hábitos positivos que lhe trarão alegria para sempre.

Se você herdou netos por meio do casamento — por ter se casado com alguém que já tinha filhos e netos ou por seu filho ou sua filha ter se casado com alguém que já tinha filhos —, a situação pode ser delicada. Quero que saiba que, ainda assim, suas orações podem influenciar positivamente a vida dos envolvidos. Você pode fazer por eles as mesmas orações que estão neste livro, mas peça ao Espírito Santo orientação sobre como orar especificamente por esses relacionamentos tão frágeis. Peça a ele que mostre como você pode ser uma bênção. E não alimente expectativas de que essas pessoas sempre agirão como você deseja. Essa é uma receita ideal para ferir seus sentimentos. Peça a Deus que abra o coração deles para você, se parecer estar fechado. Só ele pode fazer isso. Continue a fazer essas orações e a pedir a Deus que restaure todos os relacionamentos onde eles estiverem feridos.

Tenha em mente que ser uma avó que ora não é apenas uma boa coisa a fazer; é uma vocação, um privilégio e um compromisso. Quer os laços que ligam você a seus netos sejam biológicos, quer resultem de adoção, quer você os tenha "herdado" por meio de um casamento, quer os veja com frequência ou quase nunca, eles sempre precisarão de suas orações. Se alguma vez lhes parecer que eles não merecem que você ore por eles, ore assim mesmo, pois essa é a vontade de Deus e o agrada.

Orar pelos netos é um ministério que você terá para a vida toda. Você não faz ideia do alcance, do poder e da eficácia de suas orações. Deus não apenas ouve e responde, mas *continuará a responder* muito tempo depois de você ter partido para estar com ele. Elas podem impactar gerações e gerações, para a glória de Deus.

Comece orando para que cada geração — de seus filhos e netos em diante — conheça a Jesus como Senhor e Salvador e viva para ele.

Não sabemos quando o Senhor voltará, portanto não pare de orar até que o veja. Suas orações pelos netos serão um fator importante para a segurança e a proteção deles. Serão a melhor herança que você pode lhes deixar, pois durarão por toda a vida — a sua e a deles.

Por ter mais tempo de vida e conseguir enxergar todo o cenário — enquanto os pais estão focados nos detalhes diários da vida, como devem mesmo estar —, você consegue ver a vida de uma perspectiva mais ampla. A perspectiva de *Deus*.

E a perspectiva de *Deus* sempre guiará suas orações.

– Minha oração a Deus –

Senhor, elevo a ti meus netos. (Diga o nome de cada um deles diante de Deus.) Ajuda-me a ver com clareza a herança espiritual que deixo para eles quando oro. Agradeço por todas as promessas maravilhosas em tua Palavra que declaram que tu abençoarás meus filhos e netos sempre que eu viver em teus caminhos. Eu sei que os filhos são uma dádiva tua e os netos, uma coroa de honra em minha vida (Pv 17.6). Também sei que, quer eu os veja com frequência, quer não, ainda assim posso estar perto cada vez que oro pela vida deles.

Agradeço porque tu ouves "as orações dos justos" (Pv 15.29). Sou justa porque aceitei a ti, Jesus, a quem amo e sirvo. Agradeço por minhas orações por meus netos serem duradouras, de modo que os efeitos delas permanecerão mesmo quando eu tiver deixado esta terra para estar contigo.

Tua Palavra diz que meus filhos e os filhos deles "prosperarão em tua presença" (Sl 102.28). Sei que "a pessoa de bem deixa herança para os netos" (Pv 13.22). Agradeço por haver uma herança que posso deixar para meus filhos e netos, uma herança espiritual, mais valiosa que bens materiais, que os ajudará a serem edificados sobre um sólido alicerce.

Ajuda-me a viver em teus caminhos, confessando-me a ti sempre que deles me desviar, a fim de estar pura em tua presença. Capacita-me a cumprir esse chamado para orar, especialmente por meus filhos e netos. Eu te agradeço porque sou chamada a "uma herança imperecível, pura e imaculada, que não muda nem se deteriora", guardada para mim no céu (1Pe 1.4). Ajuda-me a viver em obediência a teus mandamentos, para que eu possa deixar uma herança espiritual grandiosa a meus filhos e netos.

Oro em nome de Jesus.

– A Palavra de Deus para mim –

Agora você já não é escravo, mas filho de Deus. E, uma vez que é filho, Deus o tornou herdeiro dele.
Gálatas 4.7

Além disso, em Cristo nós nos tornamos herdeiros de Deus, pois ele nos predestinou conforme seu plano e faz que tudo ocorra de acordo com sua vontade.
Efésios 1.11

Os cabelos brancos são coroa de glória, para quem andou nos caminhos da justiça.
Provérbios 16.31

E sempre deem graças ao Pai. Ele os capacitou para participarem da herança que pertence ao seu povo santo, aqueles que vivem na luz.
Colossenses 1.12

Não retribuam mal por mal, nem insulto com insulto. Ao contrário, retribuam com uma bênção. Foi para isso que vocês foram chamados, e a bênção lhes será concedida.
1Pedro 3.9

9
Senhor, ajuda os pais de meus netos a criá-los em teus caminhos

Todo pai e toda mãe precisam de oração. Sempre precisaram. No mundo de hoje, porém, existem tantos desafios intimidantes que criar e preparar os filhos para enfrentá-los torna-se uma tarefa assombrosa. Por mais que a vida possa ter sido difícil quando criamos os *nossos* filhos, os perigos atuais são muito piores na geração deles do que jamais foram na nossa. Para eles, criar os filhos com segurança pode parecer uma tarefa avassaladora. Os pais de seus netos precisam de apoio em oração. É por isso que você às vezes poderá se ver orando pelos *pais* de seus netos quase tanto quanto ora pelos próprios netos.

Quem sabe um dos melhores presentes que você dá a seus netos seja orar pelos pais deles.

Primeiro, ore para que a paz de Deus reine sobre o lar deles e que os pais estejam unidos a respeito da criação dos filhos. Isso adquire especial importância se os pais forem divorciados, uma situação sempre delicada — e ainda mais se um dos pais quiser ser o favorito dos filhos, não importando o que tenha de fazer para conseguir isso.

A Bíblia diz que devemos criar os filhos nos caminhos do Senhor, pois assim eles viverão de acordo com as leis divinas (Pv 22.6). Muitas vezes, porém, as crianças não são criadas assim. Por isso, ore em primeiro lugar para que seu filho ou genro, e sua filha ou nora — bem como o padrasto ou a madrasta de seus netos, se for o caso — conheçam o Senhor. Se eles ainda não conhecem Jesus, ore para que abram o coração para recebê-lo. Não pare de orar por isso. Se já conhecem o Senhor, ore para que desenvolvam um relacionamento mais forte com ele e para que sua fé seja sólida e continue sempre a crescer. A vida espiritual e a natureza dos pais serão determinantes, de inúmeras maneiras, para que os filhos acabem no caminho certo ou não.

Ore para que os pais ensinem bem seus filhos sobre Deus e seus caminhos, e para que sejam capazes de dar bom exemplo nesse aspecto. Deus disse a respeito de seus mandamentos: "Guarde sempre no coração as palavras que hoje eu lhe dou. *Repita-as com frequência a seus filhos. Converse a respeito delas quando estiver em casa* e quando estiver caminhando, quando se deitar e quando se levantar" (Dt 6.6-7). Em outras palavras, converse a respeito delas de manhã, de tarde e à noite. Constantemente. Continuamente. (Veja mais sobre esse assunto no capítulo 16.)

Caso não tenha criado seus filhos nos caminhos do Senhor e acredite que cometeu erros, mas hoje é capaz de enxergar a consequência desses erros na vida deles, saiba que Deus é Redentor. Ele redime todas as coisas. Não se culpe para sempre por isso. As misericórdias do Senhor se renovam cada manhã, portanto recomece do zero hoje e coloque tudo isso diante dele, pedindo-lhe que perdoe você naquilo que for necessário. Peça-lhe que redima tudo que foi perdido. Comprometa-se a orar por seus filhos, para que abram o coração ao Senhor e vivam no caminho de Deus agora. Suas orações podem reverter o rumo que as coisas tomaram.

Seja paciente e continue orando. Fazer um grande navio mudar de curso leva tempo.

Sabedoria na disciplina

Boa parte do compromisso de orar para que os pais de seus netos sejam capazes de cuidar e educar os filhos adequadamente consiste em pedir que eles tenham sabedoria ao discipliná-los. A falta ou o excesso de disciplina pode deixar uma criança mais propensa a problemas.

Deus considera os pais responsáveis por criarem os filhos com amor, orientação e na disciplina do Senhor. Eles devem se empenhar para que os filhos tenham uma atitude correta, edificada sobre uma base sólida de amor e instrução. Isso significa que não devem tentar "ensinar" os filhos por meio de críticas ou levá-los a pensar que nunca correspondem a suas expectativas elevadas. Os pais não devem fazer os filhos se sentirem abandonados, com medo ou sem esperança. Quando uma criança cresce com emoções negativas, ela tem dificuldade para aprender o necessário. O que uma criança deve aprender primeiro é a sobreviver. Então, ore para que os pais ensinem os filhos a serem obedientes, e para que saibam como discipliná-los com amor quando não forem.

E, assim como os pais não podem ser muito duros e implacáveis com seus filhos, também não podem ser demasiadamente tolerantes e negligentes. Qualquer um dos extremos traz maus resultados. Se os pais forem muito severos, o espírito dos filhos pode ser afetado e eles podem se rebelar contra isso em algum momento. Se forem muito tolerantes, eles terão permissão para fazer o que quiserem, aparentemente sem sofrer nenhuma consequência, e essa ilusão poderá levá-los à ruína. A Bíblia diz: "Filhos, obedeçam a seus pais no Senhor, porque isso é o certo a fazer" (Ef 6.1). Ela também diz que os pais devem educar seus filhos "*com a disciplina e a instrução que vêm do Senhor*" e não provocar neles frustração nem raiva (Ef 6.4).

A devida disciplina, dosada com amor, é um dos melhores caminhos para a segurança de seus netos, pois se eles forem desobedientes aos pais a vida deles não correrá bem. A Bíblia diz: "Discipline seus filhos, e eles darão paz a seu espírito e alegria a seu coração" (Pv 29.17). Você e os pais deles só conseguirão ter paz em relação a seus netos se eles forem devidamente corrigidos em amor.

A Bíblia também diz que os pais que realmente amam seus filhos se preocupam em discipliná-los (Pv 13.24). Aprender que há consequências imediatas para a desobediência pode salvar a vida de uma criança.

Ore para que seus netos também sejam ensinados a seguir as instruções de outras pessoas a quem Deus tenha colocado em posição de autoridade sobre a vida deles, como professores e policiais.

Deus prometeu a Davi: "*Se os seus descendentes obedecerem aos termos de minha aliança e aos preceitos que eu lhes ensino, sua linhagem real continuará para todo o sempre*" (Sl 132.12). Deus prometeu a Davi que abençoaria seus filhos, e os filhos de seus filhos, se eles vivessem no caminho do Senhor. Infelizmente, Davi não foi diligente em ensinar isso a seus filhos. Tampouco os disciplinou corretamente. Ele foi muito tolerante, e seus filhos pagaram um preço cruel e supremo por suas ações ímpias.

Ore para que os pais de seus netos sejam encorajadores, cuidadosos, pacientes e amorosos com seus filhos.

Ore também para que eles façam o que for preciso para manter os filhos longe de escolas ruins e de pessoas e influências más. Estudar em uma escola ruim ou viver em um bairro de má fama pode fazer diferença entre a vida e a morte, o sucesso e o fracasso na vida de uma criança.

Os filhos são uma dádiva de Deus, mas nem todos os veem dessa forma. "*Os filhos são um presente do* SENHOR, *uma recompensa que ele dá.* Os filhos que o homem tem em sua juventude são como flechas na mão do guerreiro. Feliz é o que tem uma aljava cheia delas*"* (Sl 127.3-5). Ore para que os pais de seus netos vejam seus filhos como presentes de Deus.

Os filhos pertencem a Deus, e ele os confia a nossos cuidados. Eles são importantes para Deus, que repreende qualquer um que os maltrate. Ore para que os pais de seus netos sejam tomados pelo temor do Senhor, pois "o temor do SENHOR é fonte de vida; ajuda a escapar das armadilhas da morte" (Pv 14.27).

Amar e cuidar dos filhos é uma das maneiras de honrar a Deus e promover seu reino. Ore para que os pais de seus netos não estejam ocupados demais para criar os filhos nos caminhos do Senhor. Ore para que percebam que criar os filhos nos caminhos do Senhor não só é algo que honra a Deus, mas que também ajuda a construir seu reino na terra.

– Minha oração a Deus –

Senhor, elevo a ti os pais, padrasto, madrasta ou pessoas que tenham a guarda de meus netos. (Diga o nome de cada pessoa diante de Deus.) Oro para que eles saibam como ensinar seus filhos a obedecer não só a eles, mas também a todos que estiverem em posição de autoridade em sua vida, como professores e responsáveis pelo cumprimento da lei. Instrua os pais a viverem em teus caminhos, a fim de que possam ensinar seus filhos a também fazê-lo. Oro para que, se um desses pais ainda não conhecer a ti, a mente e o coração deles sejam abertos para enxergar a tua verdade e receber a tua vida. Ensina tuas leis aos pais de meus netos e capacita-os a ensinar teus caminhos a seus filhos.

Naquilo em que falhei em criar meus próprios filhos segundo tuas leis, peço que me perdoes. Mostra-me qualquer atitude errada que tive ou ações erradas que cometi, para que eu possa confessar como pecado diante de ti. Quaisquer erros que eu tenha cometido na criação de meus filhos, ajuda-me a enxergá-los claramente. Oro para que impeças que qualquer falha de minha parte venha a afetar meus filhos ou netos hoje.

Se meu filho ou genro, se minha filha ou nora não estiverem vivendo em teus caminhos, peço que lhes toques a consciência e os leves a se arrependerem diante de ti, para que sejam purificados. Remove a viga de seus olhos para que tudo que fizeram possa ser visto claramente.

Envia pessoas tementes a ti para a vida dos pais de meus netos, a fim de influenciá-los para a tua glória. Afasta qualquer má influência, para que não sejam levados para longe de teu reino. Liberta-os de vícios, maus hábitos ou comportamentos ímpios, de modo que sejam bons exemplos para os filhos.

Permite que os pais de meus netos percebam que sem ti não poderão criar bem seus filhos. Capacita-os para que saibam como disciplinar os filhos pronta e adequadamente, em amor. Ajuda-os a não serem demasiadamente tolerantes, para que seus filhos não fiquem mimados e indisciplinados. E também não permitas que sejam demasiadamente rigorosos, para que não magoem o coração nem o espírito de seus filhos.

Concede aos pais a tua sabedoria para que tomem boas decisões a respeito de cada criança. Oro para que eles te convidem a tomar conta de seus filhos e busquem a tua ajuda para trazê-los a teus caminhos. Instrui-os para que ensinem a seus filhos a tua Palavra, de modo que tenham uma vida longa e feliz (Dt 11.18-21.)

Faz que os pais de meus netos se comuniquem bem um com o outro e estejam unidos na criação dos filhos. Oro para que tenham no coração e na mente o que for melhor para seus filhos, e não tentem minar a instrução adequada, fazendo ou permitindo que se façam coisas para conquistar a afeição dos filhos e afastá-los do outro progenitor. Dá a cada um dos pais de meus netos um coração voltado para te servir acima de tudo.

Oro em nome de Jesus.

– A Palavra de Deus para mim –

Ensine seus filhos no caminho certo, e, mesmo quando envelhecerem, não se desviarão dele.
Provérbios 22.6

Gravem estas minhas palavras no coração e na mente. Amarrem-nas às mãos e prendam-nas à testa como lembrança. Ensinem-nas a seus filhos. Conversem a respeito delas quando estiverem em casa e quando estiverem caminhando, quando se deitarem e quando se levantarem. Escrevam-nas nos batentes das portas de suas casas e em seus portões, para que, enquanto o céu permanecer acima da terra, vocês e seus filhos prosperem neste chão que o SENHOR jurou dar a seus antepassados.
Deuteronômio 11.18-21

Pais, não tratem seus filhos de modo a irritá-los; antes, eduquem-nos com a disciplina e a instrução que vêm do Senhor.
Efésios 6.4

O SENHOR não negará bem algum àqueles que andam no caminho certo.
Salmos 84.11

10
Senhor, protege meus netos de qualquer perigo ou ameaça

Estamos todos bem cientes dos muitos perigos que existem no mundo atual. Eles são bem piores do que jamais imaginamos que pudessem ser e ocorrem em lugares que nunca pensamos não serem seguros — como escolas, cinemas, restaurantes e *shoppings*. Esses atos às vezes são cometidos por pessoas que jamais poderíamos suspeitar que eram tão perigosamente anormais.

Como podemos começar a proteger nossos filhos e netos, onde quer que estejam? Podemos optar por mantê-los longe de cinemas e *shoppings*, mas ainda assim não haverá garantias. Mais dia, menos dia, terão de sair de casa e, como temos visto, uma tragédia pode acontecer em qualquer lugar.

Nem nós, seus avós, nem os pais deles podemos protegê-los de tudo. Só Deus pode.

Devemos orar diariamente para que a mão protetora de Deus esteja sobre nossos netos. Mesmo quando tomo conta deles em minha casa, oro constantemente para que Deus os proteja e me ajude a identificar todos os possíveis perigos. Tenho dois netos pequenos, atualmente com menos de 2 anos, e não posso tirar os olhos deles por um segundo sequer. O simples pensamento de que a qualquer momento algo possa lhes acontecer é terrível, mas seria inconcebível se ocorresse quando estão sob os meus cuidados. Estou sempre orando fervorosamente a respeito disso. Como bem sabemos, acidentes acontecem rápida e repentinamente. Portanto, devemos orar o tempo todo pela proteção de Deus sobre nossos netos, e também por seus pais, babás, outros avós ou familiares que ajudam a cuidar deles.

Ore para que seus netos estejam seguros na casa deles. Acidentes estranhos acontecem em casa, quando menos se espera. Isso ocorre porque em casa é onde podemos baixar a guarda e, assim, nem sempre enxergamos antecipadamente os potenciais perigos.

Ore para que seus netos estejam seguros aonde quer que forem. Ore para que estejam seguros em todo carro, avião, ônibus ou trem em que viajarem. Ore por sua segurança quando andarem de bicicleta ou a pé, em cada rua por onde passarem e em cada prédio em que entrarem.

Ore por bairros bons e seguros onde seus netos possam morar. Ore por vizinhos piedosos. A Bíblia diz: "Não planeje o mal contra seu próximo, pois quem mora por perto confia em você" (Pv 3.29). Bons vizinhos são peça importante para a segurança de seus netos. Se não moram em um bairro seguro no momento, ore para que eles e sua família consigam se mudar. Ore para que quaisquer perigos invisíveis, onde quer que estejam, sejam notados e não sejam capazes de ameaçar seus netos em nenhum momento.

Ore para que não ocorram acidentes súbitos. Quanto tinham cerca de 2 anos, meus filhos tiveram de ser levados às pressas para o atendimento de emergência para dar pontos na testa, e o acidente com cada um deles ocorreu bem na minha frente. Eu não estava a mais que meio metro distante deles, e tudo aconteceu tão rápido que nada pude fazer para impedir. Ambos fizeram um movimento repentino que eu não estava esperando.

Meu filho pulou na minha cama e bateu a testa na cabeceira. Minha filha começou a correr em um quarto de hotel, e antes mesmo que eu tivesse tempo de dizer as palavras "Pare de correr!" ela tropeçou e bateu na quina da parede. Depois disso, aprendi a sempre orar a respeito de acidentes súbitos.

Ore para que seus netos cresçam com grande capacidade de pressentir o perigo. Peça a Deus que lhes conceda perceber quando algo que estiverem fazendo puder ser perigoso para eles ou para os outros. Ter noção do perigo poupou a minha vida e a de meus filhos inúmeras vezes. Deus nos dá sabedoria, discernimento, revelação, compreensão e bom senso quando lhe pedimos isso. E seu Espírito nos diz o que fazer ou não fazer.

Quando você se volta para Deus, ele diz: "Este é o caminho pelo qual devem andar" (Is 30.21). Ore para que seus netos sejam capazes de ouvir, desde cedo, essas palavras de Deus em seu coração.

Ainda assim, por mais que oremos e nos esforcemos, acidentes podem acontecer. Quando acontecerem, ore para que não haja danos permanentes e todos aprendam a ser mais cautelosos. A verdade é que somente Deus pode manter-nos, e a nossos filhos e netos, seguros como tanto ansiamos todos os dias. Só Deus pode nos proteger, e àqueles por quem oramos, dos perigos invisíveis à espreita. Nunca devemos deixar de orar a esse respeito.

Mesmo tendo dito tudo isso, as crianças ainda podem ficar doentes ou se ferir, e algumas podem até morrer. Essa é uma daquelas realidades impensáveis da vida e que nos partem o coração. Há muitas razões para que isso venha a acontecer, mas esse é um assunto extenso demais para tratarmos agora. No entanto, mesmo que algo aconteça, tenhamos o consolo de saber que não foi por não termos orado. E, embora nosso coração fique partido e sintamos essa perda por toda a vida, temos a garantia de que essa criança preciosa estará com Jesus e um dia a veremos novamente.

– Minha oração a Deus –

Senhor, oro por meus netos. (<u>Diga o nome de cada um deles diante de Deus</u>.) Peço que coloques tua mão protetora sobre eles. Mantém-nos a salvo de acidentes ou perigos. Coloca teus anjos ao seu redor. Eu sei que "somente tu, SENHOR", podes guardá-los "em segurança" (Sl 4.8). Ajuda-os a entender que és o seu protetor e podes mantê-los seguros quando andam em teus caminhos e buscam a tua mão protetora. Permite que vejam que, se viverem do modo deles, sem levar em conta os teus caminhos, sairão debaixo do teu guarda-chuva de proteção.

Dá a meus netos a capacidade de pressentir o perigo, para si ou para os outros. Ajuda-os a ouvir tua voz lhes falando ao coração: "Este caminho é o caminho pelo qual devem andar" (Is 30.21). Faz que não sintam paz em ir a qualquer lugar ou em fazer qualquer coisa que os deixe expostos ao perigo.

Oro para que meus netos morem sempre em bairros seguros, cercados de vizinhos piedosos. Ensina-os a ser uma bênção para seus vizinhos e para as pessoas em sua escola, seu local de trabalho e aonde quer que possam ir. Quando houver pessoas perigosas ao redor, oro para que nenhuma delas chegue a ameaçá-los de alguma forma. Revela as ameaças que valentões e malfeitores possam lhes infligir e afasta essas pessoas de perto deles. E, se for necessário, oro para que meus netos e sua família consigam se mudar para um bairro mais seguro.

Mantém alerta para possíveis perigos todos ao redor de meus netos: pais, padrasto ou madrasta e cuidadores. Dá a todos que cuidam deles capacidade de antecipar os riscos que possam existir. Sempre que eu estiver por perto, deixa-me também ciente dos possíveis perigos. Mostra-me tudo que eu precise perceber. Mantém meus netos seguros em carros, aviões, trens, ônibus, bicicletas e em qualquer forma de transporte. Que fiquem a salvo por onde quer que andem e em qualquer atividade em que estejam envolvidos. Agradeço, Senhor, porque posso ter paz, pois sei que nos proteges e nos ajudas a viver em segurança, quando oramos e andamos em teus caminhos.

Oro em nome de Jesus.

– A Palavra de Deus para mim –

*Pois ele ordenará a seus anjos que o protejam
aonde quer que você vá.*
Salmos 91.11

*Não tenha medo dos terrores da noite,
nem da flecha que voa durante o dia.
Não tema a praga que se aproxima na escuridão,
nem a calamidade que devasta ao meio-dia.
Ainda que mil caiam ao seu lado e dez mil morram ao seu redor,
você não será atingido.*
Salmos 91.5-7

*O Senhor responde: "Vi a violência cometida contra os indefesos
e ouvi o gemido dos pobres.*

*Agora me levantarei para salvá-los,
como eles tanto desejam".*
Salmos 12.5

*Se você se refugiar no S<small>ENHOR</small>,
se fizer do Altíssimo seu abrigo,
nenhum mal o atingirá,
nenhuma praga se aproximará de sua casa.*
Salmos 91.9-10

11
Senhor, cura meus netos de doenças e enfermidades

A doença pode ser consequência de abusos que impomos ao corpo e da falta de cuidado com nós mesmos. Quando isso acontece com nossos netos, podemos orar para que sejam atraídos por alimentos nutritivos e saudáveis e tenham informação e força para resistir a tudo que possa prejudicá-los. Esse é um tipo de oração importante a fazer. Com tantas opções e informações confusas que lhes chegam, ore para que sempre tenham acesso aos alimentos de que necessitam para manter uma boa saúde e ter uma vida longa, e também para que aprendam a fazer boas escolhas. Não importa que idade tenham, ore para que sejam guiados pelo Espírito de Deus no cuidado com o corpo.

Você não gostaria que alguém tivesse orado por você, para que sempre fizesse as melhores escolhas alimentares? Eu com certeza gostaria.

Ore para que seus netos sempre sejam capazes de resistir a maus hábitos alimentares, especialmente a qualquer tipo de transtorno alimentar. A filha de um casal de amigos desenvolveu um transtorno alimentar quando tinha 14 anos. Ela era muito atraente e talentosa e estava começando a aparecer na televisão e em comerciais de Hollywood. Isso significava que muitas vezes se via envolvida em situações nas quais era constantemente julgada por sua aparência. Eu conhecia essa menina desde seus 8 anos, e sempre foi uma criança normal, doce e piedosa. No entanto, quando desenvolveu esse transtorno alimentar, sua personalidade mudou completamente.

Era como se um espírito maligno tivesse possuído sua mente. Sempre que estava perto de alguma comida ou era hora de alguma refeição, ela repetia sem parar: "Não estou com fome. Não estou com fome. Não estou com fome". E não comia. Os pais ficaram muito preocupados, sobretudo porque ela estava perdendo peso e chegando a um nível perigosamente baixo. Eles procuraram ajuda profissional. Muitas vezes me juntei a eles e a outros pais que eram crentes fervorosos a fim de orar por essa menina, até que essa grave situação fosse finalmente rompida.

Sugeri aos pais que a afastassem da indústria do entretenimento, pois a comparação constante com outras garotas daquela cultura obcecada pela imagem corporal a estava destruindo. E eles fizeram exatamente isso, pois sabiam que estavam lutando pela vida da filha.

Eles tiveram sabedoria e direção divina para levá-la em duas viagens missionárias organizadas por sua igreja. Quando ela viu a pobreza extrema e a carência física e espiritual das pessoas dos países que visitou, começou a mudar. Seu coração compassivo se concentrou em ajudar as pessoas e servir a Deus. Logo percebeu a ilusão em que havia caído por ser tão voltada para si mesma. E mais tarde se curou totalmente do transtorno alimentar e se casou com um jovem maravilhoso, que tinha o mesmo coração voltado para ajudar os outros. Eles agora trabalham juntos como missionários e amam o que fazem.

Ore para que seus netos nunca sejam seduzidos por nenhum tipo de transtorno alimentar. Essa é uma batalha tanto espiritual como mental, emocional e física. A obsessão com a imagem é um ídolo mortal que o inimigo usa para destruir nossos filhos. Resista fortemente a esse engano maligno que pode se infiltrar na mente e na alma de qualquer jovem. Essa obsessão tem de ser rompida no reino espiritual, por meio de oração, para que as escamas se soltem dos olhos e a pessoa angustiada por esse mal enxergue a verdade. Se isso nunca for completamente quebrado, a vítima desse transtorno pode senti-lo voltar insidiosamente a atacar sua mente, muitas e muitas vezes.

Não pense que isso não possa acontecer com seus netos. Esse espírito de cegueira tem por alvo qualquer pessoa. Mas a oração pode detê-lo antes mesmo que possa tomar conta, bem como conseguir libertar quem já esteja dominado por ele. É uma doença tão perigosa que também se deve procurar de imediato ajuda médica e psicológica. Portanto, se essa enfermidade algum dia se manifestar em um de seus netos, ore para encontrar os profissionais certos para ajudá-lo. Agradeça a Deus pelos médicos e terapeutas tão essenciais que podem salvar a vida de seu neto ou neta. Se seus netos nunca demonstraram nenhum sintoma dessa doença terrível, ore para que jamais venham a desenvolvê-la.

Peça a Deus que livre seus netos de todos os planos do inimigo para a vida deles.

Todos sabemos que uma doença ou enfermidade pode se abater sobre qualquer um, sem que ninguém tenha culpa. Ela pode ser herdada. Por causa de certas questões genéticas presentes na linhagem familiar, das quais as pessoas podem não estar cientes, talvez não haja como impedir determinadas doenças. Ainda assim, devemos orar para que Deus proteja nossos netos de todas as enfermidades, doenças crônicas, distúrbios, suscetibilidades e deficiências que afetem a família. Se você souber de determinadas condições ou deficiências que afetem a família de seus netos, desça um machado espiritual sobre a raiz dessa árvore familiar, orando para que todas as doenças ou enfermidades herdadas não se manifestem em seus netos.

E, quando seus netos adoecerem, ore para que Deus os cure. Ore para que conheçam a Deus como o Deus de cura e aprendam a se voltar para ele como o Senhor que os cura. A Bíblia diz que as pessoas tocavam em Jesus e eram curadas. Ore para que seus netos aprendam a tocar em Jesus por meio da oração e do louvor e a habitar em sua Palavra, para que possam encontrar a cura que o Senhor tem para eles.

Se você tem um neto que nasceu com alguma deficiência, tenho certeza de que já está orando todos os dias para que ele supere essa deficiência. Também tenho um precioso pequenino assim em minha família. Os avós e os pais dessa criança ficaram com o coração partido, é claro, mas Deus tem estado com eles a cada passo do caminho. Eles pediram que todos os apoiassem em oração, e inúmeras pessoas têm respondido a esse apelo. Muitos membros da família e amigos estão orando com eles e os incentivando a cada dia ao longo dessa difícil jornada. Nunca deixaremos de orar por essa criança tão bela, porque Deus tem um propósito importante para cada vida. E todos cremos que ele é o Deus que cura e restaura, e nada é impossível para ele.

Se esse for o caso de um de seus netos, não hesite em pedir a outros crentes fervorosos que orem por essa criança e sua família. Não passe por isso sem apoio em oração. Se suas orações não forem respondidas como você esperava e a deficiência não for revertida, ore para que a cura seja descoberta ou apareça um novo medicamento ou terapia que traga alívio e melhora a essa criança. Não desista de orar por esses milagres. Pode ser que a criança tenha nascido para um momento como esse, para que se levante uma oração constante pela cura ou para que alguma forma de prevenção seja descoberta.

Muitos pais e avós passam por isso, mas quando têm um apoio sólido e consistente de outras pessoas em oração eles se sentem mais capazes de enfrentar cada dia. E *você* também precisa de apoio em oração. Não desconsidere a sua dor. Peça às pessoas que orem *com* você e *por* você, e também pela criança e seus pais. Ore em favor de cada possível melhora que seja necessária a fim de seguir em frente. A Bíblia diz: "E sabemos que Deus faz todas as coisas cooperarem para o bem daqueles que o amam e que são chamados de acordo com seu propósito" (Rm 8.28). Peça a Deus que lhes mostre o bem que ele está operando na vida de cada um de vocês.

– Minha oração a Deus –

Senhor, oro para que meus netos tenham boa saúde todos os dias de sua vida. Protege-os de doenças debilitantes e devastadoras. Oro especificamente por (diga o nome de cada neto e tudo que preocupa você a respeito da saúde física dele).

Tu dizes em tua palavra: "Meu povo está sendo destruído porque não me conhece" (Os 4.6). Não deixe que meus netos sejam destruídos por faltar a eles ou a seus pais conhecimento sobre como cuidar do corpo. Dá-lhes vontade de comer alimentos saudáveis. Eu sei que toda criança, se deixada por conta própria, provavelmente comerá alimentos tentadores, que podem fazer mais mal que bem. Concede a meus netos o dom do bom senso e o desejo por alimentos que lhes abençoem o corpo com saúde. Ajuda-os a levar a sério suas condições e a não achar que uma boa saúde é algo automático. Ensina-lhes que não podem pensar que sempre estarão bem se fizerem apenas o que desejam. Ajuda-os a se voltar para ti em busca de orientação quanto ao que *devem* e *não devem* fazer para manter a boa saúde.

Oro para que meus netos também aprendam a cuidar do corpo com atividades físicas adequadas e descanso. Ajuda-os a fazer escolhas que não lhes permitam consumir coisas ruins, que farão mal ao corpo, como drogas, álcool, cigarro e alimentos prejudiciais. Faz que não sintam atração por qualquer coisa que possa levá-los a adoecer.

Não permitas que meus netos desenvolvam algum tipo de transtorno alimentar. Capacita-os a não se deixar influenciar por espíritos mentirosos que os façam julgar o corpo segundo padrões mundanos de "perfeição". Ajuda-os a amar o corpo e a ser gratos a ti por tudo que esse corpo é capaz de fazer, em vez de criticá-lo.

Não permitas que meus netos herdem debilidades ou doenças familiares. Se houver alguma doença que seja comum em ambos os lados de suas famílias biológicas, eu desço um machado espiritual sobre a raiz dessa árvore familiar e oro para que tal predisposição física ou mental seja detida e não se manifeste na vida dessa criança. Revela qualquer coisa que precise ser feita para evitá-la.

Ensina a meus netos que o corpo deles é o templo do Espírito Santo e que devem manter limpa essa morada (1Co 6.19-20). Capacita-os a perceber que cabe a eles cuidar do próprio corpo, mas que tu, Jesus, és quem os cura e que podes curá-los soberanamente ou direcioná-los para a ajuda médica de que necessitam. Incute neles o conhecimento de que tu levaste sobre ti "nossas enfermidades" e removeste "nossas doenças" (Mt 8.17). Obrigada, Jesus, por podermos ser curados por causa do que tu realizaste na cruz.

Oro em nome de Jesus.

– A Palavra de Deus para mim –

Se ouvirem com atenção a voz do SENHOR, seu Deus, e fizerem o que é certo aos olhos dele, obedecendo a seus mandamentos e cumprindo todos os seus decretos, não os farei sofrer nenhuma das doenças que enviei sobre o Egito, pois eu sou o SENHOR que os cura.
Êxodo 15.26

Vocês não sabem que seu corpo é o templo do Espírito Santo, que habita em vocês e lhes foi dado por Deus? Vocês não pertencem a si mesmos, pois foram comprados por alto preço. Portanto, honrem a Deus com seu corpo.
1Coríntios 6.19-20

Portanto, quer vocês comam, quer bebam, quer façam qualquer outra coisa, façam para a glória de Deus.
1Coríntios 10.31

Orem uns pelos outros para serem curados. A oração de um justo tem grande poder e produz grandes resultados.
Tiago 5.16

12

Senhor, providencia para meus netos médicos bons e sábios

Muitas vezes na vida enfrentei problemas de saúde sem que, na época, médico algum conseguisse descobrir o que havia de errado. Uns quinze anos atrás, fiquei tão doente, com crises de dor e náusea, que acabei passando por três prontos-socorros diferentes, em três ocasiões diferentes, durante um período de dez meses, sendo atendida por uma série de médicos e especialistas, mas mesmo assim ninguém conseguiu encontrar a causa do problema. Em razão disso, quase morri.

Por fim, certo dia, por volta de meia-noite, senti algo explodir na parte inferior do meu abdome. A dor era tão intensa que achei que iria morrer. Pensei que o apêndice havia rompido, e meu marido me levou a um pronto-socorro. Eu deveria ter deixado Michael chamar uma ambulância, mas realmente pensei que fosse morrer antes que ela pudesse chegar.

Quando chegamos ao hospital, mal conseguia falar, mas disse aos médicos que eu achava que meu apêndice havia rompido. Durante horas eles me fizeram passar por vários exames, mas nada encontraram. Eu sabia que não sobreviveria se alguém não fizesse algo logo, então implorei a cada médico que entrou em meu quarto que me ajudasse. E ninguém conseguia ajudar.

Meu marido, minha irmã e uma amiga próxima estavam no hospital comigo, orando para que Deus enviasse alguém para salvar minha vida. Finalmente, depois de quase oito horas, um médico entrou no quarto e corajosamente decidiu fazer uma cirurgia para encontrar o problema. No final, descobriram que eu estava certa. O apêndice havia rompido, e eu passei por intensa agonia todas aquelas horas enquanto aquele veneno se espalhava por todo o meu corpo. O médico me disse após a cirurgia que, se ele tivesse esperado uma hora a mais para agir, teria sido tarde demais. A cada vez que o vi depois disso eu lhe agradeci por salvar minha vida e lhe disse que ele foi a resposta de Deus a nossas orações.

A recuperação foi longa e dolorosa. Eu perguntava a Deus: "Por que nenhum outro médico conseguiu encontrar algo de errado depois de me examinar e me fazer passar por todos aqueles exames? Por que nem um médico sequer conseguiu descobrir a causa?". Tinha a sensação de que todos estavam cegos. E que ninguém quis ouvir meu pedido de ajuda.

Também já passei por esse mesmo tipo de situação com meus dois filhos. Cada um deles teve um problema de saúde em idades diferentes, e cada um passou por um devastador processo de diagnóstico. A questão não foi que ninguém tenha conseguido encontrar a causa do problema, como tinha acontecido comigo. Em vez disso, nos casos deles o diagnóstico foi incorreto. Eu não fiquei em paz a respeito disso em ambas as vezes, e acreditava de todo o coração que aquele não era o futuro que Deus tinha para nenhum deles.

Minha filha recebeu um diagnóstico terrível, quando tinha 5 anos. Orei intensamente a respeito do diagnóstico e não senti paz. Busquei uma segunda opinião e, embora tenha sido diferente, ainda não era aceitável. Meu marido e eu oramos por orientação de Deus, enquanto eu investigava todos os lugares em que pudesse encontrar ajuda. Por fim, encontrei essa ajuda em um hospital pediátrico maravilhoso, em Los Angeles. Eles tinham ali um novo tratamento de ponta e foram tão positivos com relação a esse tratamento que, ao sairmos de lá naquele dia, minha filha e eu nos sentimos esperançosas. Durante alguns anos ela passou pelo tratamento recomendado, e seu problema acabou desaparecendo. Se eu tivesse aceitado o diagnóstico dos dois primeiros médicos, ela não estaria entre nós hoje.

Quando meu filho estava com seus vinte e poucos anos e havia acabado de concluir a faculdade, recebeu um diagnóstico devastador de uma doença debilitante. Quando oramos a respeito, eu novamente não senti paz em meu espírito. Então, oramos e oramos para que, se o diagnóstico estivesse errado, Deus nos revelasse. Ou, caso não estivesse errado, que o Senhor nos desse paz na confiança de que iria curá-lo ou nos ajudaria a superar aquilo. No final, outro médico descobriu que os sintomas de meu filho se deviam a uma reação terrível a um adoçante dietético que havia em um refrigerante, o qual ele consumia com excessiva regularidade.

Já ouvi histórias semelhantes de uma série de pessoas sobre o mesmo tipo de situação ter acontecido com elas, com seus filhos ou netos — situações nas quais houve dificuldade em se encontrar qualquer tipo de diagnóstico que fosse, ou foi dado um diagnóstico errado e a pessoa recebeu algo parecido com uma sentença de morte, para a qual não havia esperança.

Talvez isso soe como se eu estivesse condenando os médicos, mas não é nada disso. Longe de mim. Sou muitíssimo grata a eles, e agradeço a Deus por eles e pelas muitas vezes que salvaram minha vida. Mas eles próprios dirão a você que não sabem tudo. Eles também precisam de oração. É por isso que devemos orar por nossos filhos e netos, para que Deus lhes providencie médicos bons e sábios, e para que sempre recebam diagnósticos corretos. Ore para que o inimigo não tenha oportunidade de colocar um manto de mistério sobre a causa do problema e ocultá-la dos profissionais da saúde.

É muito comum os pais ficarem devastados quando um filho adoece. Eles precisam de sabedoria para encontrar o médico certo para o filho, e também para saber a quais fisioterapeutas levá-lo e o que deve ser feito. Podem surgir problemas de saúde capazes de afetar a vida de uma criança para sempre. Temos de orar para que ela seja levada a profissionais que não apenas sejam talentosos para diagnosticar o problema, mas também que possam mantê-la a salvo do uso de drogas nocivas e erros médicos. Devemos orar para que esses médicos tenham sabedoria e clareza de Deus para fazer a coisa certa a nossos netos.

Peça a Deus que proteja seus netos, para que nunca recebam um diagnóstico, um remédio ou um tratamento errado que possa prejudicá-los. Ore para que não haja erros em nenhum dos hospitais ou consultórios em que forem atendidos. Ore para que o médico que venha a examiná-los receba orientação de Deus para diagnosticar e tratar o mal-estar, a doença ou a enfermidade que os acometeu.

Se seu neto ainda não nasceu, ore por sabedoria para os médicos e enfermeiros que estarão presentes na hora do nascimento. Ore para que nada dê errado enquanto ele ainda estiver no útero, e para que nenhum problema ocorra durante ou após o parto. Ore sempre para que seu neto tenha saúde e desenvolvimento perfeitos, e para que não aconteçam erros nem equívocos.

Existe uma diferença entre viver negando a realidade a respeito de algo e se recusar a aceitar algo que, em seu espírito, você crê não ser a palavra final sobre a vida de um filho. Peça a Deus que mostre essa diferença na vida de seus netos e também na dos pais. Creia que Deus quer curar e restaurar e pergunte a ele como orar e o que fazer. Antes de aceitar um diagnóstico negativo para a vida de um de seus netos, ore e peça ao Senhor que lhe mostre qual é a vontade *dele* para a vida dessa criança. Peça-lhe que revele se o diagnóstico está correto, e se estiver, que lhe dê paz a esse respeito. Se um diagnóstico preocupante estiver correto e Deus o permitiu, ore para que um novo tratamento seja descoberto e ajude seu neto a melhorar. Peça a Deus que faça um milagre na vida dessa criança. Ore para que os pais tenham forças, saúde e fé para confiar que Deus os capacitará a enfrentar os desafios que têm pela frente e a tomar boas decisões.

Lembre-se que você conhece esse Deus para quem nada é impossível. Ore primeiro e peça ao Senhor que lhe dê paz e revele se você deve aceitar o que parece ser inevitável ou se deve procurar uma resposta melhor.

– Minha oração a Deus –

Senhor, elevo a ti meus netos. (<u>Diga o nome de cada um deles diante de Deus.</u>) Peço que lhes providencie bons, competentes e sábios médicos, enfermeiros, técnicos de laboratório e fisioterapeutas, para tratá-los quando for necessário. Livra-os de receber um diagnótico ou tratamento errado. Dá discernimento a todo médico que examiná-los, para que nunca lhes prescreva um remédio errado nem lhes dê um medicamento que possa lhes fazer mal. Caso algum dia recebam um diagnóstico errado, revela isso imediatamente, Senhor, para que possam receber o tratamento adequado. Concede a todos os médicos que atenderem meus netos a sabedoria e o bom senso para fazer o que for melhor para eles.

Também oro por sabedoria para meus netos e seus pais ou responsáveis, a fim de que saibam o que fazer em cada situação que exigir tratamento médico. Não os deixes esperar muito tempo para receber os cuidados de que necessitam. Dá a seus pais ou responsáveis discernimento para escolher o médico certo. Oro para que eles não aceitem um diagnóstico ruim que condene seus filhos a um desfecho sem esperança. Dá-lhes discernimento para saber quando tu tens algo melhor para eles. Ajuda-os a perguntar, buscar e bater em várias portas, até que tenham encontrado o médico e o tratamento adequados. Não permitas que nenhum de nós acate a opinião de seres humanos como algo acima da tua capacidade de curar. Ao mesmo tempo, não deixes que neguemos a realidade, se for de tua vontade que a atravessemos contigo ao nosso lado.

Oro para que removas qualquer manto de mistério que esteja sobre os problemas de saúde que meus netos possam ter. Traz a verdade à luz, para que todos a vejam, sobretudo os médicos e demais profissionais da saúde. Tu sempre saberás exatamente qual é o problema e não só podes revelá-lo, mas também esclarecer o que deve ser feito.

Dá aos pais de meus netos recursos para pagar pelos tratamentos necessários. Providencia-lhes seguro-saúde e assistência médica, para que possam sempre obter a ajuda de que precisam. Concede-me meios para ajudá-los em tudo que eu puder.

Faz que meus netos e os pais deles sintam paz quando estiverem sendo atendidos pelo médico certo e recebendo o diagnóstico correto. Dá-lhes sabedoria para cada decisão que tiverem de tomar.

Oro em nome de Jesus.

– A Palavra de Deus para mim –

Ó S<small>ENHOR</small>, se me curares, serei verdadeiramente curado;
se me salvares, serei verdadeiramente salvo.
Louvo somente a ti!
Jeremias 17.14

"Restaurarei sua saúde e curarei suas feridas", diz o S<small>ENHOR</small>.
Jeremias 30.17

O que é impossível para as pessoas é possível para Deus.
Lucas 18.27

Peçam, e receberão. Procurem, e encontrarão. Batam, e a porta lhes será aberta. Pois todos que pedem, recebem. Todos que procuram, encontram. E, para todos que batem, a porta é aberta.
Mateus 7.7-8

Mas, quando pedirem, façam-no com fé, sem vacilar, pois aquele que duvida é como a onda do mar, empurrada e agitada pelo vento. Ele não deve esperar receber coisa alguma do Senhor, pois tem a mente dividida e é instável em tudo que faz.
Tiago 1.6-8

13
Senhor, guarda meus netos de danos causados por pessoas más

Neste mundo e nesta época em que vivemos, é absolutamente indispensável orarmos para que nossos netos fiquem a salvo de pessoas más, que se aproveitam de meninos e meninas, bem como de rapazes e moças. Eu bem sei que este não é um assunto em que gostaríamos sequer de pensar, mas devemos, para que possamos orar de maneira poderosa e constante a respeito. Não podemos nos permitir acreditar que coisas desse tipo jamais poderiam acontecer a nossos filhos ou netos, e que não há necessidade de orarmos por isso.

Há uma verdadeira epidemia em nossa sociedade sem Deus, a qual não podemos ignorar, que é a pornografia. Ver pornografia tornou-se um vício mental e emocional perpetrado por promotores do mal e pelo inimigo de Deus e de nossa alma. Surpreendentemente, é algo que se alastra até mesmo na igreja. As estatísticas que revelam a porcentagem de homens cristãos — incluindo pastores e líderes — que frequentam uma igreja e veem pornografia são incrivelmente altas. Isso é algo inimaginável.

Pior ainda é o fato de que muitos desses homens passam a ver pornografia *infantil*. E muitos deles põem em prática esse vício visual nas crianças a seu redor. Não consigo sequer imaginar quanto uma pessoa tem de estar com o cérebro danificado, ser completamente egoísta e estar espiritualmente morta para se sentir bem ao ver crianças preciosas como objetos a serem usados para seu entretenimento sexual. Como alguém pode chegar tão baixo a ponto de não se importar nem um pouco com o mal que está infligindo à essência do ser de uma criança, marcando essa pessoa jovem e inocente para o resto da vida?

Eu, pessoalmente, já orei com muitas e muitas mães e avós desoladas que me disseram ter descoberto que um filho, uma filha ou um neto estava sendo molestado sexualmente e sofrendo abusos por parte de um padrasto, avô, tio, amigo de confiança, responsável, alguém do acampamento, líder de igreja, treinador de esportes, ou, em alguns casos, até mesmo o próprio pai. E achavam que esses criminosos eram cristãos apenas por frequentarem a igreja. Eles, obviamente, não eram de modo algum cristãos, pois é impossível que trevas e luz convivam na mesma pessoa.

Se *dentro da* igreja o problema está tão ruim, quanto pior não estará *fora* dela? Se isso está acontecendo entre homens supostamente cristãos, quão má será a situação entre os descrentes no restante da sociedade? Muito além do que pensamos.

Juízes, promotores, policiais e outros grupos atentos a esse tipo de problema têm listas de pedófilos condenados e com ficha na polícia, e talvez você descubra que eles vivem perto de sua casa ou da casa onde seus filhos e netos moram. Vale a pena checar isso porque, acredite em mim, nada fará você orar com mais fervor do que descobrir quantos eles são e quão perto vivem. E trata-se apenas dos que foram pegos e condenados.

É impossível dizer que estou exagerando a gravidade do problema. Não importa em que região você more, mesmo nos bairros mais bonitos e aparentemente mais seguros eles estão presentes. Por que ainda estão fora da cadeia é um mistério para mim, mas criminosos sexuais com ficha na polícia não têm como se esconder, pois seu nome, endereço e às vezes até mesmo uma foto deles está disponível para quem pesquisar.

Predadores podem estar à espreita em toda parte, por isso ore para que qualquer pessoa que tenha acesso a seus netos não esteja com más intenções. Como avós, devemos construir uma barreira espiritual em torno de nossos netos, pedindo a Deus que os cerque com seus anjos e os proteja do mal em todos os momentos. Não podemos subestimar nada.

Seja implacável em suas orações. Não ore somente por seus netos preciosos, mas por todas as crianças vulneráveis na região em que seus netos vivem e também onde você mora. Ore para que criminosos que cometem abusos infantis sejam expostos à luz, punidos por seus crimes e retirados do convívio social.

Esse câncer doentio que assola a mente e a alma deve ser detido. Se você não interceder por essa causa, quem o fará?

Ore para que seus netos sempre saibam onde ficam os limites para as outras pessoas. Ore para que não fiquem com medo de contar aos pais, aos avós, a outro membro da família ou a um amigo próximo quando alguém ultrapassar esses limites e fizer que se sintam constrangidos. Ore para que os pais ouçam quando seus filhos lhes contarem sobre ofensas à sua privacidade física.

Se seu neto já sofreu algum tipo de abuso, ore para que tudo venha à luz e as autoridades competentes sejam notificadas.

Ore para que o agressor seja totalmente revelado, exposto, levado à justiça e forçado a pagar pelo que ele fez cumprindo pena de prisão por muito tempo, e não apenas levando uma reprimenda. Jesus disse que quem fizesse mal a uma criança, seria melhor se estivesse morto: "Mas, se alguém fizer um destes pequeninos que confiam em mim cair em pecado, seria melhor que lhe amarrassem ao pescoço uma grande pedra de moinho e fosse jogado ao mar" (Mc 9.42). Existe uma justiça final para pessoas que abusam sexualmente de crianças, uma justiça muito pior do que qualquer pena recebida neste mundo e que dura por toda a eternidade. Deus não olha com bondade para ninguém que fizer o outro pecar, especialmente quando se trata de crianças.

Jesus foi muito claro sobre quanto ele valoriza as crianças. Ele disse: "Tomem cuidado para não desprezar nenhum destes pequeninos. Pois eu lhes digo que, no céu, os anjos deles estão sempre na presença de meu Pai celestial" (Mt 18.10). Ele comparou o coração de uma criança ao modo como devemos ser quando nos aproximamos para recebê-lo — puros e humildes. Quando falou de pessoas perdidas que passaram a crer nele, comparou-as aos pequeninos a quem ninguém deveria levar a se desviar: "Da mesma forma, não é da vontade de meu Pai, no céu, que nenhum destes pequeninos se perca" (Mt 18.14).

O inimigo não abrandou sua intenção de destruir nossos filhos e netos, por isso não abrande sua intenção de protegê-los em oração. Não dê ouvidos às mentiras do inimigo lhe dizendo que isso é um problema grande ou assustador demais pelo qual orar. Essa é uma das maiores mentiras dele. Suas orações têm poder porque é o poder *de Deus* que opera por meio delas. Tenha a certeza de que Jesus está totalmente do seu lado enquanto você ora sobre isso. A Bíblia diz: "Não deixem que o mal os vença, mas vençam o mal praticando o bem" (Rm 12.21).

Você faz mais bem do que pode imaginar quando ora.

Portanto, continue orando "para que Satanás não tenha vantagem sobre nós, pois conhecemos seus planos malignos" (2Co 2.11).

Ore para que qualquer um que se aproxime de seus netos e tenha intenção de lhes fazer mal seja descoberto. Qualquer um que tenha o objetivo de fazer mal, especialmente para uma criança, entregou seu coração para servir a Satanás. A Palavra de Deus diz o que devemos fazer: "Portanto, submetam-se a Deus. Resistam ao diabo, e ele fugirá de vocês" (Tg 4.7). Podemos resistir ao inimigo — em favor de nossos netos — em oração.

Ore para que seus netos nunca sejam vítimas de pessoas más que pretendam lhes fazer mal.

Essa é uma das orações mais importantes que você fará por seus netos, não importa que idade eles tenham.

– Minha oração a Deus –

Senhor, elevo a ti meus netos. (Diga o nome de cada um deles diante de Deus.) Peço que os protejas de toda pessoa má, na escola, na creche ou onde for, seja com babás, vizinhos, instrutores, familiares, colegas de trabalho ou amigos que tenham más intenções em relação a eles. Oro para que meus netos nunca sofram nenhum tipo de abuso. Livra-os do mal e revela qualquer agressor em potencial antes que algo ruim aconteça. Onde houver pessoas do mal à espreita, expõe seus planos.

Concede a meus netos discernimento e sabedoria para saber quando as pessoas não são confiáveis. Permite-lhes pressentir o mal sem demora quando se aproximar deles. Ajuda-os a identificar de imediato quando alguém fizer algo inapropriado. Oro para que, se meus netos forem vítimas de algum tipo de abuso, isso seja comunicado àqueles em posição de autoridade, especialmente seus pais e pessoas ligadas à justiça. Não deixes que meus netos se sintam intimidados pelas ameaças dos que queiram lhes fazer mal.

Se qualquer abuso ou contato com pessoas más já aconteceu, peço que reveles os agressores. Expõe suas más ações diante de um juiz e faz que sejam punidos por seus crimes. Orienta os pais a encontrar ajuda profissional para seu filho, a fim de que ele possa recuperar o que foi perdido e curar o que foi quebrado.

Coloca teus anjos ao redor de meus netos, para que ninguém que pretenda lhes fazer mal encontre oportunidade para isso. Oro em nome de Jesus.

– A Palavra de Deus para mim –

Mas livra-nos do mal.
Mateus 6.13

Quem recebe uma criança como esta em meu nome recebe a mim.
Mateus 18.5

A luz de Deus veio ao mundo, mas as pessoas amaram mais a escuridão que a luz, porque seus atos eram maus. Quem pratica o mal odeia a luz e não se aproxima dela, pois teme que seus pecados sejam expostos.
João 3.19-20

Odeiem tudo que é mau.
Apeguem-se firmemente ao que é bom.
Romanos 12.9

A pessoa boa tira coisas boas do tesouro de um coração bom,
e a pessoa má tira coisas más do tesouro de um coração mau.
Mateus 12.35

14

Senhor, não permitas que nenhuma arma voltada contra meus netos prevaleça

Se você crê em Jesus como seu Salvador, então tem um inimigo. Mesmo que não conheça o Senhor, porém, *ainda assim* tem um inimigo; a diferença é que provavelmente não o reconhece como tal. Pode até pensar nele como o anjo de luz que ele gosta de fingir ser, mas se tiver recebido Jesus então tem o Espírito de Deus em você e, portanto, tem a autoridade e o poder de que precisa para identificar o inimigo e resistir a ele.

Seu inimigo é também inimigo de *Deus*. E ele odeia você porque odeia todas as pessoas que amam, servem e adoram a Deus. É por isso que o inimigo quer ser adorado e buscará derrotar cada pessoa que não se curva diante dele. Portanto, ele está em guerra contra nós, nossos filhos e nossos netos.

Nossas maiores armas contra o inimigo de nossa alma são a fé em Deus e em sua Palavra, a pureza da adoração e o poder das orações.

Deus quer que nos tornemos guerreiras de oração por nossos filhos e netos, para que a violência seja mantida longe deles, bem como de nós mesmas. Você pode pensar que seu inimigo espiritual não existe e não está em guerra com ninguém, mas a verdade — como podemos ver claramente em nosso mundo de hoje — é que você não tem de estar em guerra com alguém para que esse alguém esteja em guerra com você.

Devemos nos dar conta de que existe uma batalha espiritual e estamos no exército de Deus. Esse exército é o único em que podemos nos alistar sem realmente ter de ir para algum lugar. Isso acontece porque a batalha é travada em oração, onde quer que estejamos. A verdadeira batalha é a oração. Quando oramos, estamos derrotando o inimigo. E não estamos sozinhas nisso, pois Deus tem guerreiros de oração espalhados por todo o mundo, orando de acordo com sua orientação. No entanto, você pode ser a única que ora com fervor por seus filhos e netos.

Assim como *Deus* tem um plano para a nossa vida e para a vida de nossos filhos e netos, o *inimigo* de nossa alma *também* tem um plano para nós e para a vida deles. Mas Deus nos concedeu uma maneira de derrotar o inimigo e suas obras das trevas, e isso é algo que fazemos por meio da oração e do poder da Palavra. Deus chama todos nós a crermos nele e irmos para a batalha, como guerreiras de oração, em prol de seu reino.

Por mais que a situação possa parecer sem solução, Deus lhe dá poder pela oração para fazer algo. Mesmo quando você não puder enxergar uma saída, Deus pode. O inimigo pode parecer forte para você, mas Deus é *todo-poderoso*. O inimigo, não.

O inimigo quer destruir seus filhos e netos tanto quanto quer destruir você, mas suas orações podem pôr um fim nisso. E Deus lhe deu em sua Palavra um poder que você pode acessar, reafirmando-a por meio da fé. Deus disse a seu povo, os que creem nele e em sua Palavra, que "*nenhuma arma voltada contra você prevalecerá*" (Is 54.17). Guarde essas palavras na memória, porque precisará pronunciá-las com frequência em relação a sua família e, especialmente, a seus netos.

Por exemplo, se um de seus netos estiver sofrendo *bullying* — como aconteceu com o neto de uma amiga —, declare esse versículo das Escrituras em oração. Minhas parceiras de oração e eu fizemos isso, e o valentão foi exposto e suspenso da escola. Em outro caso de *bullying* sofrido pelo neto de uma amiga, os pais chegaram a tirar a criança da escola, quando viram que a escola não faria absolutamente nada a respeito. Quando eles fizeram isso, apareceu "de repente" uma vaga em uma boa escola cristã. O problema parou e não voltou mais.

A oração funciona!

Tudo que precisamos é de alguém que crê no poder de Deus para fazer milagres quando oramos. Quando compreendemos o poder da Palavra, e quando temos fé suficiente para crer que Deus é sincero sobre o que diz, podemos declarar sua Palavra para a nossa vida e para a vida de nossos filhos e netos.

Ser uma guerreira de oração em favor de nossos netos não significa que nada de ruim acontecerá. Mas, se algo acontecer, suas orações podem ajudá-los a se recuperar e a impedir que fiquem arruinados por isso. Lute em oração qualquer batalha que encontre pela frente, e verá Deus agindo em sua defesa. Clame para que o poder milagroso de Deus os proteja. Declare muitas vezes que nenhuma arma voltada contra seus netos prevalecerá. Agradeça a Deus por sua Palavra e por ele ouvir suas orações.

Então, coloque tudo nas mãos dele.

– Minha oração a Deus –

Senhor, elevo a ti meus netos. (<u>Diga o nome de cada um deles diante de Deus</u>.) Vejo o mal ao redor, por isso oro para que sempre protejas meus filhos e netos. Envia teus anjos para guardá-los e protegê-los de quaisquer planos do maligno. Derruba qualquer fortaleza que o inimigo tentar erguer contra eles.

Agradeço por tua Palavra, que diz ao povo que te ama e te serve que "nenhuma arma voltada contra você prevalecerá" (Is 54.17). Peço que nenhuma arma voltada contra meus filhos e netos tenha sucesso. Se algo de ruim já aconteceu a um de meus netos, oro para que tragas restauração a ele e à família inteira, a fim de que o inimigo seja totalmente derrotado.

Também agradeço porque a tua Palavra diz que nós, os que cremos em ti, temos "alicerce duradouro" (Pv 10.25). Eu declaro que tenho o alicerce em ti e estou do teu lado nessa guerra entre o bem e o mal. O teu inimigo é também o meu, e eu opto por combatê-lo em oração como tu ordenas. Agradeço porque "tu me armaste fortemente para a batalha" (Sl 18.39).

Ajuda-me a pegar a espada do Espírito — a tua Palavra — todos os dias, pois ela é a minha principal arma contra o inimigo. Capacita-me a ser conduzida pelo teu Espírito Santo, enquanto oro. Capacita-me a ser uma guerreira de oração inabalável por meus filhos e netos, conforme tu me guiares.

Oro para que reduzas a pó os planos do inimigo para prejudicar ou destruir meus filhos e netos. Oro para que apenas os teus planos sejam bem-sucedidos na vida deles. Peço que tuas bênçãos e tua proteção estejam tão poderosamente sobre eles que os planos do maligno nunca sequer cheguem perto.

Oro em nome de Jesus.

~ A Palavra de Deus para mim ~

Pois nós não lutamos contra inimigos de carne e sangue, mas contra governantes e autoridades do mundo invisível, contra grandes poderes neste mundo de trevas e contra espíritos malignos nas esferas celestiais.
Efésios 6.12

Pois a palavra de Deus é viva e poderosa. É mais cortante que qualquer espada de dois gumes, penetrando entre a alma e o espírito, entre a junta e a medula, e trazendo à luz até os pensamentos e desejos mais íntimos.
Hebreus 4.12

Aqui no mundo vocês terão aflições, mas animem-se, pois eu venci o mundo.
João 16.33

As tempestades da vida levam embora o perverso, mas o justo tem alicerce duradouro.
Provérbios 10.25

Naquele dia, porém, nenhuma arma voltada contra você prevalecerá. Você calará toda voz que se levantar para acusá-la. É assim que o SENHOR agirá em favor de seus servos; eu lhes farei justiça. Eu, o SENHOR, falei!
Isaías 54.17

TERCEIRA SEÇÃO

───────────────

*Orando pelo crescimento e amadurecimento
espiritual de seus netos*

15
Senhor, ajuda-me a entender o que meus netos enfrentam neste mundo

Todos nós nos sentimos apreensivos com o que está acontecendo no mundo e com o que o futuro nos reserva. Estamos especialmente preocupados com tudo que os nossos netos terão de enfrentar, ou já estão enfrentando. Sabemos que a situação para eles é muito mais sinistra, perversa e ameaçadora do que foi para nós quando tínhamos a mesma idade. O mundo inteiro está se tornando um lugar cada vez mais perigoso, e devemos pedir a Deus que nos ajude a entender como orar especificamente em favor de cada um de nossos netos.

A Bíblia diz que, quando não sabemos como orar, o Espírito de Deus nos ajuda (Rm 8.26). Precisamos da ajuda de Deus porque só ele sabe o que está à frente. Nossos netos podem ter de enfrentar coisas que nem sequer imaginamos. E talvez nem estejamos aqui quando o pior chegar. Mas os efeitos de nossas orações poderão ser sentidos ao longo de toda a vida deles.

Se você for uma avó jovem, pode ser que não tenha lembrança da época em que a oração em locais públicos não só era *permitida*, mas também *incentivada*. Tínhamos permissão para ser cristãos sem perseguição, ridicularização ou retaliação. Orávamos todas as manhãs na escola, professores e alunos conversavam sobre Deus e Jesus, e a simples ideia de ser processado por causa da fé nem passava pela nossa mente.

Crianças que estudam hoje em escolas públicas são apartadas da Bíblia, da oração e de qualquer ensinamento sobre Deus. Assim, se não tiverem contato com essas coisas em casa, por intermédio dos pais e avós ou da igreja, isso estará totalmente ausente da vida delas. É por isso que certos jovens parecem não ter nenhuma consciência, fazendo coisas impensáveis sem o menor escrúpulo. Eles não sofreram consequências por seu mau comportamento quando eram mais novos, de modo que não levam em conta as consequências quando ficam mais velhos. Por essa razão, não só nossos netos precisam mais do que nunca estar cobertos por nossas orações enquanto estivermos vivos nesta terra, mas os pais deles também. Em algumas situações, você pode ser o único seguidor de Jesus que seus netos veem ou ouvem.

Se tivermos alguma ideia do que nossos netos terão de enfrentar, saberemos melhor como orar por eles. Eis algumas maneiras de orar hoje:

Ore por discernimento e sabedoria a respeito do que está por vir em relação a cada neto. Quando você tem isso, consegue orar antes que coisas ruins aconteçam. Você pode não saber detalhes, mas pode ser guiada pelo Espírito de Deus a orar visando manter seus netos seguros em circunstâncias potencialmente perigosas.

Ore para que os pais de seus netos não morram prematuramente. Ore para que eles continuem vivos para cuidar dos filhos até que estes possam cuidar de si mesmos. Isso é muito importante, pois ninguém pode substituir bons pais. Ninguém amará tanto a criança nem cuidará tão bem dela quanto os pais — a não ser você, é claro. No caso de maus pais — e há relativamente poucos deles —, ore para que sejam transformados ao ter um encontro com o único e verdadeiro Deus vivo que pode transformá-los para sempre.

Ore para que nenhum mal sobrevenha a seus netos, especialmente por causa de perseguição. A perseguição aos cristãos aumentará à medida que nos aproximarmos do retorno do Senhor, por isso você deve pedir a proteção e o favor de Deus sobre seus netos.

Ore para que seus netos nunca estejam no lugar errado, na hora errada. Só Deus sabe o que está à frente, e só ele pode nos guiar para longe do perigo. Peça a Deus que dê a seus netos um coração disposto a segui-lo, para que ele possa conduzi-los a lugares seguros. Ele é perfeitamente capaz de fazer isso. Essa é uma excelente oração para fazermos por todos os nossos entes queridos.

Ore para que seus netos amem a Deus e não a si mesmos. A Bíblia descreve que as pessoas se tornarão amantes de si mesmas, e não amantes de Deus e seus caminhos. Elas só se importarão consigo e com o que querem ter ou experimentar, mas *não se preocuparão* com o que *Deus* quer e qual é a vontade *dele* para a vida delas. Ore para que isso nunca aconteça a seus netos.

Haverá muito mais coisas específicas pelas quais o Espírito de Deus levará você a orar, mas isso é um bom começo. Quando ele lhe falar algo ao coração, anote em qualquer das páginas de oração deste livro, ou em um caderno separado, para não se esquecer. Deus lhe dirá tantas coisas que será difícil lembrar-se de tudo, se não tomar nota.

– Minha oração a Deus –

Senhor, tenho muita preocupação com o futuro de meus netos. (<u>Diga o nome de cada um deles diante de Deus</u>.) Não posso suportar o pensamento de que qualquer das coisas que vejo acontecendo neste mundo venha a acontecer a eles. Só consigo ter paz porque sei que tu os manterás a salvo do que virá adiante. Oro para que eles se mantenham perto de ti e ouçam tua voz a orientá-los. Oro para que sempre frequentem uma boa igreja e se sintam seguros e felizes ali. Dá-lhes grandes pastores e líderes de jovens que ouçam a tua voz, Senhor, que nunca desobedeçam às tuas leis e mandamentos, e nunca traiam a confiança de meus netos.

Oro para que cada neto meu se case com uma pessoa temente a Deus, permaneça casado e feliz e crie filhos piedosos. Oro para que tu os escondas à tua sombra e os guardes do inimigo (Sl 17.8-9).

Mostra-me como orar por meus netos com relação a tudo que eles terão de enfrentar ao longo da vida. Vejo o mal e o perigo crescerem a cada dia neste mundo, e nenhum sinal de que isso vá melhorar. Eu sei que a tua Palavra diz que a maldade aumentará e as pessoas se tornarão cada vez mais amantes de si mesmas, e não amantes de ti e de tua Palavra. Oro para que meus netos sejam *amantes de ti e de tua Palavra, e não amantes de si mesmos*. Toca-lhes a consciência, caso considerarem escolher outro caminho diferente daquele que tu tens para eles.

Dá-me conhecimento sobre como orar com relação a coisas específicas que meus netos estejam enfrentando agora ou terão de enfrentar no futuro. Mostra-me como será a situação em sua escola, em seu local de trabalho, em sua família e com seus amigos. Peço que me guies para que eu possa orar antecipadamente a respeito do que acontecerá no mundo ao redor deles. Somente tu sabes o futuro e tudo que eles terão de enfrentar. Somente tu podes mantê-los em segurança e ajudá-los a realizar grandes coisas para o teu reino. Assim como Davi, que sabia orar de manhã, de tarde e de noite, ajuda-me a também continuar orando assim. Não permitas que eu negligencie meus netos, deixando de orar por eles. Concede-me forças, saúde e uma mente clara, até que eu parta para estar contigo.

Tua Palavra diz que no mundo enfrentaremos problemas, mas que tu venceste o mundo (Jo 16.33). Agradeço por teres feito tanto por nós. Dou graças porque tens todas as respostas e toda a ajuda de que precisamos. Agradeço por seres maior que qualquer coisa que eu ou meus netos ou seus pais teremos de enfrentar. Ajuda-nos a buscar a ti em todas as situações. Agradeço porque a tua Palavra diz que podemos ter paz em ti, não importa a tribulação que enfrentemos.

Oro em nome de Jesus.

– A Palavra de Deus para mim –

E o Espírito nos ajuda em nossa fraqueza, pois não sabemos orar segundo a vontade de Deus, mas o próprio Espírito intercede por nós com gemidos que não podem ser expressos em palavras.
Romanos 8.26

Pela manhã, ao meio-dia e à noite, clamo angustiado, e ele ouve minha voz.
Salmos 55.17

Minha oração não é por este mundo, mas por aqueles que me deste, pois eles pertencem a ti.
João 17.9

Nunca deixem de orar.
1Tessalonicenses 5.17

Porque sou justo, verei a ti; quando acordar, te verei face a face e me satisfarei.
Salmos 17.15

16

Senhor, leva os pais de meus netos a ter um relacionamento mais próximo contigo

Os pais não saberão como criar os filhos nos caminhos de Deus se eles mesmos não conhecerem esses caminhos. E filhos que não foram criados nos caminhos de Deus podem trazer muita tristeza aos pais. Todo pai ou toda mãe que virar as costas para Deus e sua Palavra pode trazer consequências indesejáveis para a vida de seus filhos.

Nossas ações trazem consequências para nossos filhos e netos. Muitos têm sofrido por causa dos pecados de seus pais e avós. Vemos coisas horríveis acontecerem em determinados lugares do mundo por causa de um pecado local do qual ninguém se arrependeu. Esse pecado é passado de geração em geração, transmitido como uma herança. E ninguém tenta pôr um fim nisso, por desconhecerem como isso pode ser feito, por estarem cegos pelo mal, ou por ignorarem deliberadamente a verdade de Deus a esse respeito.

O profeta Jeremias anunciou ao povo o que Deus dissera que seria feito deles — e de seus filhos — por não andarem nos caminhos do Senhor. Deus previu que, quando Jeremias mostrasse ao povo as palavras da profecia, eles perguntariam: "'Por que o Senhor decretou coisas tão terríveis contra nós? O que fizemos para ser tratados desse modo? *Qual foi nosso pecado contra o* SENHOR, *nosso Deus?'*. Então você lhes responderá que assim diz o SENHOR: '*Seus antepassados me deixaram. Adoraram e serviram outros deuses, me abandonaram e não obedeceram à minha lei. E vocês são ainda piores que seus antepassados! Seguem os desejos teimosos de seu coração perverso e não querem me ouvir*. Por isso os expulsarei desta terra e os enviarei a uma terra estrangeira, onde [...] *não lhes concederei nenhum favor*'" (Jr 16.10-13).

E foi exatamente o que aconteceu.

Deus vê todos os pecados. Mas ele nos ofereceu uma porta de saída para as consequências do pecado. Ela fica aos pés de Jesus, em orações de confissão e arrependimento. Sempre podemos ir até ele para nos libertarmos das consequências do pecado, mesmo que tenha sido cometido por outra pessoa da família. Quando os pais não vivem nos caminhos do Senhor, não há consequências apenas para eles, mas também para seus filhos. Por isso devemos orar para que os pais de nossos netos tenham um relacionamento próximo com Deus.

Todos ficamos em situação muito melhor quando nos libertamos de tudo que nos leva a pecar. Jesus disse claramente: "E, se seu olho o faz pecar, arranque-o e jogue-o fora. É melhor entrar na vida eterna com apenas um dos olhos que ser lançado no inferno de fogo com os dois olhos" (Mt 18.9).

Sei que pode soar como algo cruel, mas é a verdade.

Temos de nos livrar de qualquer coisa em nossa vida que estiver perpetuando o pecado — ou suas consequências — na vida de nossos filhos ou netos. Fazemos isso em oração. Podemos dizer: "Senhor, mostra-me se há algo em *mim* do qual eu precise me libertar, e eu pedirei perdão a ti, para que canceles minha dívida. Não quero que meus netos herdem coisa alguma por causa dos pecados de seus pais ou avós. Mostra-me se em minha linhagem familiar tenha havido uma abominação para ti, e eu a confessarei em nome da minha família".

Ore para que os pais de seus netos adquiram convicção em sua consciência de qualquer pecado que exista na vida deles, para que possam trazê-lo diante de Deus e ser libertos. Não cabe a nós o papel do Espírito Santo na vida deles; por isso, devemos ter cuidado para não fazer "insinuações sutis" nem confrontá-los a respeito de alguma coisa, a menos que tenhamos a certeza de estar sendo guiados por Deus para fazê-lo. Não devemos agir assim, ou ao menos não devemos se tivermos a intenção de ver nossos netos novamente. Seja como for, o fato é que nossas orações terão muito mais efeito que nossas palavras. E, se tivermos *mesmo* de falar com os pais de nossos netos, orar primeiro nos encherá o coração de amor por eles, e nossas palavras terão maior poder de convencimento. Se os pais de seus netos lhe pedirem qualquer coisa que se pareça com um *conselho*, com amor você pode lhes dar esse conselho e sugerir quanto um relacionamento íntimo com Deus pode beneficiar toda a família.

Não faça nenhuma crítica. Ofereça apenas amor incondicional.

Seus netos precisam ser criados por pais piedosos, por isso ore para que os pais deles tenham um *relacionamento de amor e compromisso* com o Senhor. Deus mostra bondade e favor àqueles que o amam e o servem. Se o coração de um dos pais de seus netos tiver se voltado contra Deus, ore para que esse coração seja quebrantado e remodelado, de modo a se assemelhar ao coração amoroso do Senhor.

Davi era um homem segundo o coração de Deus porque tinha um *coração arrependido*. Seus pecados foram graves, incluindo adultério, homicídio, mentiras e falta de disciplina paterna. Esses pecados geraram consequências que afetaram grandemente seus filhos. Não queremos que nossos netos paguem pelos erros de seus pais. Precisamos orar para que os pais tenham uma vida submissa a Deus e sejam obedientes a seus caminhos. Isso é crucial para seu bem-estar futuro e seu crescimento espiritual. Se um dos pais tiver o coração endurecido contra Deus e seus caminhos, ore para que Deus faça o que for preciso para romper essa dureza e despertar essa pessoa para a verdade.

Embora a Bíblia diga que os pecados dos pais recaem sobre os filhos até a terceira e quarta geração, ela também diz que, quando os pais se voltam para Deus, os filhos são abençoados. No entanto, mesmo que um pai nunca se converta ao Senhor, quando chegam a certa idade os próprios filhos se tornam responsáveis perante Deus. Eles podem tomar a decisão de aceitar Jesus e viver em seus caminhos, e quando o fazem são abençoados apesar do que seus pais fizeram. A boa notícia é que esses netos que aceitarem Jesus podem quebrar a influência do pecado em sua herança familiar, vivendo para Deus e seguindo sua Palavra.

Se um dos pais de seus netos não conhece Jesus, não pare de orar por ele ou ela até que o conheça.

Qualquer que seja o ponto em que os pais de seus netos estejam na caminhada com Deus, você sempre pode orar para que sejam levados a uma caminhada mais íntima com ele. Já ouvimos histórias de inúmeras pessoas tementes a Deus — infelizmente, até mesmo de pastores — que se desviaram por lascívia, pecados e tentações deste mundo. Pessoas que temem a Deus também precisam de nossas orações, para que não fiquem cegas e sejam desviadas pelo inimigo de sua alma para o caminho da destruição.

Ore para que seu relacionamento com os pais de seus netos seja sempre próximo e repleto de amor e respeito. É extremamente importante que seus netos vejam um relacionamento assim, pois isso os ajudará a formar uma compreensão própria do amor *de Deus*.

– Minha oração a Deus –

Senhor, peço que cada um dos pais de meus netos seja atraído para um relacionamento profundo e comprometido contigo. (Diga especificamente o nome dos pais, padrasto, madrasta ou responsáveis de cada um de seus netos.) Vejo em tua Palavra que filhos e netos são grandemente beneficiados quando os pais os ensinam a viver em teus caminhos e, em seguida, demonstram isso servindo a ti. Ajuda os pais de meus netos a compreender plenamente teus caminhos e teu amor, Senhor, e a ensiná-los a seus filhos.

Traz pessoas tementes a ti para a vida dos pais de meus netos, a fim de orientá-los em teu caminho. Peço que os conduzas a uma igreja boa, vibrante e fiel à Bíblia, de modo que eles e seus filhos sejam alimentados pelo teu Espírito, e não pelo espírito deste mundo. Abre portas para que frequentem pequenos grupos de estudo bíblico e de oração e, assim, possam fazer amizades com outras pessoas que amam a ti. Dá-lhes olhos para que vejam quando não estiverem vivendo em teus caminhos. Dá-lhes convicção caso, por algum período, não estejam vivendo o tipo de vida que tu queres que eles vivam como modelo para seus filhos.

Concede aos pais de meus netos amor pela tua Palavra. Torna-a viva para eles, para que as palavras saltem das páginas da Bíblia e entrem no coração deles para ali permanecer. Não importa em que ponto estejam na caminhada contigo, traze--os para mais perto de ti. Se algum deles ainda não te conhece, atrai essa pessoa para que te receba como seu Salvador. Se eles já professam conhecer-te, dá-lhes maior conhecimento de quem tu és e do que tua Palavra diz. Leva-os a ser uma influência piedosa na vida de seus filhos. Concede a esses pais sabedoria na criação dos filhos, para que lhes transmitam o desejo de viver em teus caminhos.

Mostra-me se há algo em mim ou em meu passado que não foi levado a ti em arrependimento, e eu o confessarei como pecado. Quero ser liberta de qualquer coisa negativa que possa recair sobre meus filhos ou netos. Também oro para que os pais se arrependam de erros que tenham cometido, para que nenhuma consequência venha a atingir seus filhos. Remove todo pecado familiar que possa afetar a vida dos pais ou dos netos. Oro em nome de Jesus.

— A Palavra de Deus para mim —

*Eu não poderia ter maior alegria
que saber que meus filhos têm seguido a verdade.*
3João 1.4

O filho tolo causa tristeza a seu pai e amargura àquela que o deu à luz.
Provérbios 17.25

*Os netos são coroa de honra para os idosos;
os pais são o orgulho de seus filhos.*
Provérbios 17.6

*Portanto, se sua mão ou seu pé o faz pecar,
corte-o e jogue-o fora. É melhor entrar na vida eterna com
apenas uma das mãos ou apenas um dos pés que ser lançado no
fogo eterno com as duas mãos e os dois pés.*
Mateus 18.8

*Eu os observo de perto e vejo cada pecado.
É impossível se esconderem de mim.*
Jeremias 16.17

17

Senhor, leva meus netos a te conhecer melhor a cada dia

A criança que conhece a Deus — a criança que tem Jesus no coração — torna-se uma pessoa que sabe *quem* Deus a criou para ser. Orar para que nossos netos tenham um relacionamento sólido e íntimo com Deus fica mais fácil se os pais deles também conhecerem o Senhor. Mas, mesmo que eles *ainda* não o conheçam, podemos orar para que nossos netos aprendam a amar a Deus e recebam Jesus como seu Salvador. Dependendo da situação, nós, como avós, podemos não ter muita influência sobre isso, mas temos poder, mediante nossas orações, para pedir que nossos netos tenham o coração aberto para o Senhor.

Ore para que Deus derrame seu Espírito sobre seus netos e se faça conhecido a eles de maneira inquestionável.

É grande a sensação de segurança que você sente em relação a seus filhos e netos quando sabe que eles têm uma forte relação com o Senhor. Se o coração de seus filhos e netos estiver aberto para Deus, ele pode falar com eles e ajudá-los a viver conforme a sua vontade. Mas temos de continuar a orar para que eles se aproximem mais de Deus a cada dia e não se desviem do caminho que o Senhor tem para eles. Já testemunhei o desgosto de pais que criaram filhos piedosos, apenas para vê-los ir para a faculdade ou sair pelo mundo e, em seguida, tornarem-se incrédulos ateus. Não queremos isso para nossos netos.

Peça a Deus que lhes mostre o que pode fazer para transmitir a eles como é maravilhoso caminhar com Jesus e confiar em sua Palavra. Peça ao Senhor que lhe indique a melhor maneira de comunicar o amor *de Deus* a eles. Todos os pequenos presentes e livros que você lhes dá, a ajuda que lhes oferece, as cartinhas que lhes escreve com mensagens de encorajamento e amor vão se somando ao longo do tempo. O amor de Deus em você fala cada vez mais alto. Claro que você sempre tem de ser sensível aos desejos dos pais, mas também não tem de se tornar alguém que *não* é para fazer isso. Se os pais não são crentes e você é, peça a Deus que *use você* para *mostrar o Senhor* a eles de forma que possa comunicar o amor divino. Estar sempre presente para o que eles precisarem, com amor incondicional, quebra muitas barreiras, sobretudo se você orar antecipadamente para que isso aconteça.

Ore para que a Palavra de Deus ganhe vida e crie raízes no coração de seus netos, de modo que mesmo o versículo mais singelo se torne vida para a alma deles.

Você tem a grande vantagem de saber como a vida pode ser terrível sem Deus. Então, peça a ele que lhe mostre como compartilhar isso com seus netos, no momento certo e da maneira apropriada à idade deles. Se puder contar-lhes sobre algum sofrimento pelo qual passou porque, na época, ainda não conhecia a Deus — ou não andava em seus caminhos —, peça a Deus que lhe mostre que episódio de sua vida você deve contar. Seu testemunho pessoal é uma ferramenta poderosa para incentivar a salvação de outra pessoa. Ele torna a vida no Senhor algo real para aquele que ainda não conhece essa realidade.

Meus filhos se casaram com pessoas cujas famílias eram de cristãos comprometidos, algo pelo qual agradeço a Deus todos os dias. Eu já orava especificamente por isso havia mais de três décadas antes que conhecessem a pessoa com quem se casaram, mas nunca é tarde para começar a orar. Se seus filhos se casaram com pessoas que não são crentes, cujos pais e avós também não são, suas orações podem mudar isso. Você pode ser uma guerreira de oração em favor deles, a fim de trazê-los ao Senhor.

É formidável, no reino espiritual, o poder de uma avó que ora. Por isso devemos orar por nossos netos todos os dias. E não só pelos que estão aqui agora, mas também por aqueles que podem vir no futuro, mesmo depois que tivermos partido para estar com o Senhor.

Deus fez uma promessa a Israel: *"'Porei minhas leis em sua mente e as escreverei em seu coração. Serei o seu Deus, e eles serão o meu povo. E não será necessário ensinarem a seus vizinhos e parentes, dizendo: 'Você precisa conhecer o* Senhor'. *Pois todos, desde o mais humilde até o mais importante, me conhecerão', diz o* Senhor. *'E eu perdoarei sua maldade e nunca mais me lembrarei de seus pecados'"* (Jr 31.33-34).

Ore para que Deus grave sua Palavra no coração de cada um de seus netos. Ore para que o Senhor os atraia para si todos os dias, dando-lhes o desejo de conhecê-lo e de experimentar tudo que ele tem para eles.

Orar é uma das melhores maneiras de conhecer a Deus. E a oração é uma das maneiras pelas quais nossos netos construirão uma relação mais íntima com ele. Nunca é cedo demais para ensinar uma criança a orar, por isso a oração deve fazer parte da vida de seus netos o mais cedo possível. Ensine-os a orar pelo dia durante a manhã e pela bênção de Deus antes das refeições. Mostre-lhes como orar por pessoas e situações ao longo do dia e ensine-os a orar à noite antes de irem para a cama, agradecendo a Deus por sua proteção e pelo dia que tiveram. Meus filhos não conhecem uma vida da qual a oração não faça parte. Vejo que ensinam seus filhos a também orar desde pequenos. E amo isso. É algo que me dá grande paz.

Definitivamente, esse é um motivo pelo qual vale a pena orar por seus netos.

– Minha oração a Deus –

Senhor, traz meus netos para perto de ti. (<u>Diga o nome de cada um deles diante de Deus</u>.) Ajuda-os a conhecer-te de maneira profunda e comprometida, para que o relacionamento deles contigo cresça a cada dia. Ensina-os a compreender tuas leis e mandamentos, e ajuda-os a se manter fiéis a teus caminhos. Capacita-os a ser tão sólidos em tua Palavra a ponto de inspirarem seus pais e amigos. Mostra aos pais de meus netos e a mim como devemos comunicar a eles a tua Palavra, de modo que a entendam, a guardem e sejam sempre atraídos para ela.

Oro para que coloques tuas leis na mente e no coração de cada um de meus preciosos netos, para que tomem decisões que reflitam teus caminhos. Dá a cada um deles um coração desejoso de se aproximar de ti. Mostra-lhes que o mundo jamais poderá responder a seus anseios mais profundos. Ajuda-os a ver que a maior prioridade na vida é amar a ti de todo o coração, de toda a alma, de toda a mente e de todas as forças (Mc 12.30). E, ao fazerem isso, tu lhes suprirás todas as necessidades.

Mostra-me tudo que eu puder fazer para ensinar a meus netos sobre quem tu és e tudo que fazes. Mostra-me situações em minha vida, ou na vida de alguém que eu conheça, que sirvam como bom exemplo dos perigos de não conhecer a ti e não viver em teus caminhos. Acima de tudo, Senhor, ajuda-me a comunicar teu amor de modo que eles possam compreender plenamente.

Ensina meus netos a serem pessoas de oração. Ajuda-me a orar com eles em todas as oportunidades que eu tiver. Ensina seus pais a também orar com eles, para que conheçam a alegria de se comunicar contigo. Ensina-os a buscar a ti em tudo. Guia-os para o caminho que tens para eles. Dá-lhes o desejo de se aproximar mais de ti a cada dia e seguir-te todos os dias da vida deles.

Oro em nome de Jesus.

– A Palavra de Deus para mim –

Aproximem-se de Deus, e ele se aproximará de vocês.
Tiago 4.8

O nome do SENHOR é fortaleza segura;
o justo corre para ele e fica protegido.
Provérbios 18.10

O SENHOR está perto de todos que o invocam,
sim, de todos que o invocam com sinceridade.
Salmos 145.18

No último dia, o mais importante da festa, Jesus se levantou
e disse em alta voz: "Quem tem sede, venha a mim e beba!".
João 7.37

Agora, arrependam-se e voltem-se para Deus,
para que seus pecados sejam apagados.
Atos 3.19

18
Senhor, ensina meus netos a resistir à rebeldia que há dentro deles

Deus não nos dá filhos condenados à desgraça. Ele promete que nós, que o servimos e ensinamos os filhos a também o servir, seremos todos abençoados: "*Não trabalharão inutilmente, e seus filhos não serão condenados à desgraça.* Pois são um povo abençoado pelo Senhor, e seus filhos também serão abençoados" (Is 65.23).

Como pais ou avós, devemos nos lembrar com frequência desse versículo.

Quando um filho parece estar sempre causando problemas, ou trazendo problemas para a família, isso é obra do inimigo. Quer dizer, a menos que você perceba que esse comportamento seja diretamente influenciado pela rebeldia de um ou de ambos os pais. Nesse caso, ore para que o espírito de rebeldia seja quebrado tanto na vida dos pais como na de seu neto.

Não estou falando de crianças pequenas, que ainda não aprenderam o que é certo. Estou falando de crianças, adolescentes e jovens que já sabem o que é certo e mesmo assim escolhem se rebelar contra os pais ou outras figuras de autoridade em sua vida.

O inimigo quer nossos netos do lado dele e os tentará para que se rebelem contra os pais. Deus foi o primeiro contra quem nosso inimigo se rebelou, e agora ele quer que nossos filhos e netos façam o mesmo. Assim, as crianças testarão os limites dos pais até que eles lhes mostrem com firmeza onde ficam esses limites. Ore para que os pais sejam capazes de discernir quando um espírito de rebeldia estiver surgindo e saibam como detê-lo.

Disciplinar um filho quebra o jugo de rebeldia. Sempre que um filho não recebe a devida correção, isso o aproxima das garras do inimigo. A Bíblia diz: "Não deixe de disciplinar seus filhos" (Pv 23.13). A última metade do versículo fala sobre discipliná-lo com uma vara. Isso não significa que a criança tem de ser espancada. Isso é impensável. O versículo quer dizer que a punição deve ser sentida, o que pode significar tirar do filho suas coisas favoritas por um tempo ou restringir suas atividades até que ele se arrependa e escolha ser obediente. Se os pais esperarem muito para corrigir um filho ou uma filha, podem falhar ao deixar de passar a mensagem de que mau comportamento gera consequências. E o filho pode não captar essa mensagem até que algo terrível aconteça a ele ou a alguém, por culpa dele. Se o filho, de algum modo, não *sentir* a correção, a rebeldia só se intensificará.

Se os *pais não disciplinarem* seu filho por ter um espírito rebelde, o *inimigo o fará* (Pv 17.11).

A Bíblia diz também: "Meu filho, não rejeite a disciplina do SENHOR; não desanime quando ele o corrigir. *Pois o SENHOR corrige quem ele ama*, assim como o pai corrige o filho a quem ele quer bem" (Pv 3.11-12).

Tendo dito tudo isso, os pais precisam de sabedoria para perceber qual correção funciona para cada filho. Cada criança é diferente. Demorou muito para convencermos nosso filho de que obedecer aos pais e resistir a todo pensamento de rebeldia era bom para ele. Já com nossa filha, normalmente bastava um olhar severo de desaprovação para ver o arrependimento surgir de imediato em seu coração. A Bíblia diz: "Discipline seus filhos enquanto há esperança; do contrário, você destruirá a vida deles" (Pv 19.18).

Isso diz tudo.

Conhecemos cada filho por suas ações — por fazer a coisa certa ou por ter uma atitude de rebeldia. E ele começa a criar uma reputação quando as outras pessoas julgam essa atitude — se outras crianças gostam dele ou não, se outros adultos que seguem padrões piedosos querem ou não sua companhia. Devemos adotar como prática orar com frequência para que cada um de nossos netos tenha um coração que ouve a instrução. "Meu filho, se você deixar de ouvir a instrução, dará as costas para o conhecimento" (Pv 19.27).

A raiz de toda rebeldia é o orgulho.

A Bíblia diz que não devemos ser arrogantes nem rebeldes, mas ir a Deus como os pequeninos. Jesus disse: "a menos que vocês se convertam e se tornem como crianças, jamais entrarão no reino dos céus. *Quem se torna humilde como esta criança é o maior no reino dos céus*" (Mt 18.3-4). Isso significa que devemos orar para que nossos netos sejam humildes e receptivos à instrução, e não orgulhosos nem arrogantes — pois essa é a única maneira de entrarem no reino de Deus na terra, bem como na eternidade.

Peça a Deus que lhe mostre o que se passa no coração de cada neto, a fim de que você possa orar para que um espírito de rebelião nunca tenha permissão para erguer ali uma fortaleza.

O orgulho é o que Lúcifer se permitiu sentir quando liderava a adoração a Deus no céu. Seu orgulho o levou a ficar encantado com a própria beleza, e ele se rebelou contra Deus.

Você pode se perguntar por que Deus não o disciplinou. Mas Deus *o fez*. Lúcifer foi expulso do céu e tornou-se Satanás, uma criatura sem futuro e sem esperança. Jesus deu sua vida para que pudéssemos ter vitória sobre a morte e o inferno e "*sobre todo o poder do inimigo*" (Lc 10.19).

Peça a Deus que dê a seus netos um coração arrependido. Um coração assim não guarda nenhuma rebeldia. Sente depressa a dor provocada por pensamentos, atitudes e ações pecaminosos e se arrepende imediatamente diante de Deus. Uma pessoa com o coração arrependido diz sem demora "Perdoe-me", seja para Deus, seja para os pais, seja para quem quer que tenha ofendido. E isso a ajudará todos os dias de sua vida.

— Minha oração a Deus —

Senhor, elevo a ti meus netos. (Diga o nome de cada um deles diante de Deus.) Peço que não cresçam arrogantes nem orgulhosos. Dá-lhes um coração humilde e um espírito aberto à instrução. Ajuda-os a aprender a se submeter humildemente a ti, bem como a seus pais e a outras figuras com autoridade legítima sobre a vida deles.

Oro para que não permitas que pensamentos de rebeldia comecem a criar raízes na mente ou no coração de meus netos. Não permitas que se rebelem contra ti ou seus pais. Capacita os pais a reconhecer de imediato uma atitude de rebeldia e a ter a sabedoria para fazer o necessário para pôr um fim nisso. Concede-lhes discernimento e perspicácia para não permitir que a rebeldia aumente e se instale. Capacita-me também a reconhecê-la em meus netos e a resistir poderosamente a ela, em oração e em diálogo com a criança. Afasta todo espírito rebelde e dá a cada neto um coração humilde que te reverencia.

Obrigada, Senhor, porque meus filhos e netos não nasceram condenados à desgraça (Is 65.23). Onde houver neles algo que possa ter gerado problemas para si ou para a família, peço que tragas libertação. Quebra qualquer laço com o inimigo. Destrua todo desejo de juntar-se a pessoas rebeldes ou de idolatrar pessoas enraizadas na rebeldia. Liberta esse meu neto a fim de que seja usado poderosamente para o teu propósito, e não o do inimigo.

Se algum de meus netos for voluntarioso, ensina-o a submeter sua vontade a ti, e não a seus desejos pessoais. Em vez de se tornar rebelde, ajuda essa criança de temperamento forte a se tornar um líder poderoso no teu reino, um líder que vive na tua dependência. Leva meus netos a serem uma força para o bem, e não para o mal. Ilumina-os a fim de que reconheçam qualquer rebeldia em si mesmos e resistam a ela totalmente. Dá-lhes um coração puro e remove qualquer desejo que possam ter de dominar ou controlar outras pessoas. Concede sabedoria aos pais, para que não se deixem controlar pelos filhos. Dá a cada um de meus netos um coração disposto a te servir e aos outros, de acordo com a tua orientação e a tua vontade para a vida deles. Oro em nome de Jesus.

~ A Palavra de Deus para mim ~

Quem sempre se recusa a aceitar a repreensão será destruído de repente, sem que possa se recuperar.
Provérbios 29.1

*O filho tolo causa tristeza ao pai;
não há alegria para o pai de um rebelde.*
Provérbios 17.21

Ouça, meu filho, e seja sábio: mantenha seu coração no rumo certo.
Provérbios 23.19

*A pessoa má sempre procura razão para se rebelar,
por isso será severamente castigada.*
Provérbios 17.11

*Deus [...] liberta os presos e os faz prosperar.
Os rebeldes, porém, ele faz morar em terra árida.*
Salmos 68.6

19
Senhor, não permitas que meus netos se desviem para o território inimigo

Não é preciso ter espírito pecaminoso ou rebelde para se desviar para o território inimigo. Isso pode acontecer simplesmente por descuido ou ignorância em relação às armadilhas que o inimigo prepara para nos destruir.

Ser tentado não é pecado. Pecado é não fugir da tentação.

O inimigo está sempre planejando o mal e a destruição, e a única coisa que o impede são as preces dos guerreiros de oração. Nossas orações podem ajudar a impedir que o inimigo encontre uma brecha para o coração de nossos netos.

Você é uma guerreira de oração; do contrário, não estaria lendo este livro. Deus quer usar você para manter o inimigo longe de seus filhos e netos. Lembre-se de que você não está *entrando* no território do inimigo quando ora. Você está *reconquistando* o território que ele roubou. Caso veja seu neto pisar no território controlado pelo inimigo, declare que essa criança pertence ao reino de Deus. "Resistam ao diabo", em nome dessa criança, "e ele fugirá de vocês" e de seu neto (Tg 4.7).

Suas orações em favor de seus netos têm poder porque o poder e a vontade de Deus estão por trás delas. E não há poder maior.

É por meio de suas orações que o poder de Deus é direcionado. É dessa forma que Deus mira ou direciona seu poder.

É por isso que Deus quer que você faça com ele uma parceria de oração.

Quando Simão Pedro estava sendo atacado por Satanás, Jesus orou para que ele tivesse uma *fé firme para resistir ao inimigo*. Jesus disse: "Simão, Simão, Satanás pediu para peneirar cada um de vocês como trigo. Contudo, *supliquei em oração por você, Simão, para que sua fé não vacile*" (Lc 22.31-32). Jesus tinha de orar para que seu discípulo — que estava com ele todos os dias — tivesse uma fé firme para resistir ao inimigo.

Jesus disse a seus discípulos: "*Orem para que vocês não cedam à tentação*" (Lc 22.40). Quanto mais não devemos nós fazer essa mesma oração, não só por nós, mas também por nossos filhos e netos? Ore para que eles fiquem longe das garras do inimigo. Ore para que tenham *temor do Senhor* e *não das pessoas*, porque "temer as pessoas é uma armadilha perigosa, mas *quem confia no Senhor está seguro*" (Pv 29.25).

A armadilha é uma cilada criada pelo inimigo para nos matar. Mas nossa fé em Deus nos dá um lugar seguro contra isso.

Se seu neto já se desviou

Se seus netos forem mais velhos e já tiverem se desviado do caminho que Deus tem para eles, ore para que Deus faça o que for preciso para trazê-los de volta. Uma pessoa pode se desviar para o território inimigo por ser atraída pela forma de pensar do mundo. Ser atraída por qualquer tipo de pecado, sem se arrepender diante de Deus ou dos pais, também é uma armadilha.

Caso tenha netos que já tropeçaram e caíram no território inimigo, ore para que eles voltem para o Senhor e sejam atraídos por seus caminhos. Ore para que ele os traga de volta da terra do inimigo. As promessas de Deus para os filhos do seu povo são estas:

"Não chore mais, pois eu a recompensarei por seu choro", diz o Senhor." Seus filhos voltarão da terra do inimigo."

Jeremias 31.16

Levante os olhos e veja, pois todos se reúnem e voltam para casa! Seus filhos vêm de terras distantes, e suas filhas pequenas são carregadas nos braços. Você os verá, e seu coração vibrará de alegria.

Isaías 60.4-5

Nós todos vibramos de alegria quando vemos nossos filhos e netos voltarem para o Senhor.

Toda vez que pensar em seu neto que se desviou, repita este versículo: *"'Há esperança para seu futuro', diz o Senhor. 'Seus filhos voltarão para sua terra'"* (Jr 31.17).

Declare esse versículo sobre o neto que se desviou e ore nesse sentido.

Todo o seu empenho em oração terá como fruto a volta de seu neto do território do inimigo. Por mais longe que seus netos se desviem da vida que Deus tem para eles, o Senhor os traz de volta para onde eles deveriam estar.

Pois as promessas de Deus não são um benefício de débito automático; ele nos manda orar.

Devemos sempre louvar a Deus porque, quando nossos filhos forem trazidos de volta aos caminhos do Senhor, ele os trará de volta ao caminho em que foram criados. Já testemunhei o sofrimento de algumas avós pela demora na resposta às orações que fizeram por netos que se desviaram para o território do inimigo. Se esse também for seu caso, gostaria de encorajá-la a confiar que Deus vê suas lágrimas e ouve suas orações. A demora pode estar ocorrendo por ele estar lidando com uma pessoa muito voluntariosa. Quando seu coração chora diante do Senhor por seus netos, você pode se alegrar por saber que foi alcançado algo no reino espiritual que se manifestará também no reino físico.

A verdade é que os que *"choram enquanto lançam as sementes, [...] cantam quando voltam* com a colheita" (Sl 126.6). Dê graças a Deus porque um dia você se alegrará pelo fruto de suas orações, que são lançadas como sementes na vida de seus netos.

Jesus contou uma parábola para dizer que as pessoas *devem orar sempre e não desanimar* (Lc 18.1). Portanto, tenha isso em mente e não se deixe cair em desânimo quando seus filhos ou netos não responderem rapidamente a suas orações. Continue orando.

Lembre-se de que "estas aflições pequenas e momentâneas que agora enfrentamos produzem para nós uma glória que pesa mais que todas as angústias e durará para sempre. Portanto, não olhamos para aquilo que agora podemos ver; em vez disso, fixamos o olhar naquilo que não se pode ver. Pois as coisas que agora vemos logo passarão, mas as que não podemos ver durarão para sempre" (2Co 4.17-18).

Não desanime. Quando oramos, coisas acontecem. A questão apenas é que não conseguimos ver o que está acontecendo — ainda.

A Bíblia diz: "E sabemos que Deus faz todas as coisas cooperarem para o bem daqueles que o amam e que são chamados de acordo com seu propósito" (Rm 8.28). Os dois versículos antecedentes, porém, falam sobre oração e sobre como o Espírito Santo nos ajuda a orar segundo a vontade de Deus

(Rm 8.26-27). Será que não pode ser, então, que Deus faz todas as coisas cooperarem para o bem quando estamos orando? Creio que sim.

A verdade é que "os olhos do SENHOR passam por toda a terra *para mostrar sua força àqueles cujo coração é inteiramente dedicado a ele*" (2Cr 16.9). Deus olha para as pessoas que o amam e oram com fervor, de modo que ele possa agir poderosamente em favor delas. Se temos um coração leal a Deus, a Bíblia diz: "*Mas, apesar de tudo isso, somos mais que vencedores por meio daquele que nos amou*" (Rm 8.37).

Resista ao inimigo não desistindo de orar por seus netos, não importa o que aconteça. Se ele atacar seus filhos ou netos com mais intensidade, então você também passará a orar com mais fervor.

– Minha oração a Deus –

Senhor, elevo a ti meus netos. (Diga o nome de cada um deles diante de Deus.) Sei que em tua Palavra prometeste a teu povo que, se eles te servissem, tu lhes trarias os filhos de volta das terras do inimigo e os faria voltar para ti. Eu te amo e quero servir-te todos os dias da minha vida, por isso creio que essa promessa também é para mim. Oro para que, se algum de meus filhos ou netos se desviar para o território inimigo, tu o tragas de volta para ti.

Jesus, tu oraste por teus discípulos, para que Deus os protegesse do maligno (Jo 17.15). Eu oro pedindo o mesmo para meus netos — que *tu os protejas do maligno*. Onde quer que estiverem no território do inimigo, peço que os tragas de volta. Oro para que sigam a ti todos os dias e não se desviem de teus caminhos.

Não permitas que meus netos fiquem cegos com as mentiras do inimigo. Ensina-os a ver sempre a tua verdade. Capacita-os a ouvir a tua voz a conduzi-los, e a calar a voz do inimigo. Oro para que compreendam a batalha espiritual que todos enfrentamos e tudo que tens feito por aqueles que resistem à tentação do inimigo. Dá-lhes discernimento para que possam distinguir claramente o bem do mal. Capacita-os a ser fortes o suficiente para não criarem "oportunidades para o diabo" (Ef 4.27). Fortalece-os para que se mantenham "afastados de toda forma de mal" (1Ts 5.22).

Sempre que o inimigo atacar meus netos com mais intensidade, a fim de levá-los para seu território, peço que me ajudes a aumentar o fervor de minhas orações contra ele, sabendo que eu estou do teu lado, fazendo a tua vontade.

Oro em nome de Jesus.

– A Palavra de Deus para mim –

Estejam atentos! Tomem cuidado com seu grande inimigo, o diabo, que anda como um leão rugindo à sua volta, à procura de alguém para devorar. Permaneçam firmes contra ele e sejam fortes na fé. Lembrem-se de que seus irmãos em Cristo em todo o mundo estão passando pelos mesmos sofrimentos.
1Pedro 5.8-9

Mas ponham à prova tudo que é dito e fiquem com o que é bom. Mantenham-se afastados de toda forma de mal.
1Tessalonicenses 5.21-22

Pois lutarei contra os que lutam contra você e salvarei seus filhos.
Isaías 49.25

*Deus se opõe aos orgulhosos, mas concede graça aos humildes.
Portanto, submetam-se a Deus. Resistam ao diabo, e ele fugirá de vocês.*
Tiago 4.6-7

*Estejam vigilantes. Permaneçam firmes na fé. Sejam corajosos.
Sejam fortes. Façam tudo com amor.*
1Coríntios 16.13

20

Senhor, faz meus netos terem predileção por amigos tementes a ti

Todos já tivemos a oportunidade de observar como um amigo descrente na vida de uma criança ou de um jovem pode influenciá-lo de forma negativa. Isso não significa necessariamente que esse amigo seja má pessoa, mas talvez a questão seja que os dois juntos não geram bons resultados. É por isso que, não importa a idade de nossos netos, devemos orar para que tenham amigos bons, piedosos, obedientes e tementes a Deus. A Bíblia diz que não devemos nos pôr em "jugo desigual com os descrentes" (2Co 6.14). Isso não significa que nossos netos nunca possam conviver com amigos que não acreditam em Deus. Significa que seus amigos mais próximos — os que tiverem maior influência na vida deles — devem ser cristãos.

É evidente que sempre podemos orar para que um amigo descrente venha a conhecer o Senhor, mas isso é algo que em geral não acontece rapidamente, se é que acontece. E não queremos esperar tanto assim para saber que influência terão sobre nossos netos.

Ore para que os pais de seus netos tenham discernimento claro a esse respeito. Às vezes, estão tão sobrecarregados com a própria vida que se sentem gratos pelo simples fato de os filhos *terem* amigos, mas não dedicam tempo para, junto com o Senhor, saber quem são esses amigos. Só Deus sabe verdadeiramente quem é má influência sobre seus netos. E a verdade pode não ser o que parece à primeira vista. Em outras palavras, uma pessoa que pareça ser um bom amigo pode, na realidade, trazer resultados negativos quando ele se juntar com seu neto.

Conheço uma avó que é uma pessoa de oração, muito preciosa, que me pediu para orar por seu neto. Eles sempre foram próximos, pois muitas vezes ela cuidou do neto durante a infância. Ela disse que ele foi uma criança encantadora e que havia uma profunda ligação de amor e carinho entre eles. Faziam muitas coisas juntos e se divertiam bastante, e essa senhora sempre o levava à igreja quando ele estava sob seus cuidados. Ele era obediente, inteligente e parecia ser uma grande promessa de sucesso no futuro.

Infelizmente, quando entrou na adolescência ele se envolveu com más companhias. Eles faziam coisas erradas, e aos 18 anos o rapaz acabou na prisão por roubo. Hoje ela ora constantemente por ele, que permanece preso, e seu coração sofre pelo neto. Oramos juntas para que Deus o alcance na prisão. Pedimos a Deus que envie pessoas para lhe falarem a verdade sobre o amor de Deus por ele. Oramos para que tenha uma revelação clara de quanto precisa entregar a vida a Deus e adquirir uma visão clara de quem *ele pode ser*. Pedimos a Deus que lhe dê um desejo inabalável de fazer as coisas de modo diferente. Também oramos para que, quando sair da prisão, todas as antigas ligações com más companhias sejam desfeitas — e que seus amigos delinquentes sejam transformados ou afastados de sua vida.

Outra avó que conheço, que também é uma pessoa de oração, orou por seu neto, que também foi preso, para que o temor de Deus fosse infundido nele de modo inesquecível e ele abrisse mão das amizades que o levaram à prisão. Suas orações foram atendidas de forma decisiva quando o rapaz foi colocado numa cela de cadeia superlotada, com quinze outros criminosos. A experiência o deixou tão assustado que ele jurou nunca permitir-se ficar nessa situação terrível novamente. O rapaz recebeu uma visão verdadeira de Deus, mostrando que ele havia nascido para coisas grandiosas. Deixou os velhos amigos de lado e trabalhou duro para entrar na faculdade. Hoje, tem um bom emprego e nunca mais se meteu em apuros.

Uma avó que ora pode ser uma barreira formidável contra uma vida de atividade criminosa com más companhias.

Uma boa igreja é, muitas vezes, o melhor lugar para conhecer bons amigos. Ore para que os pais de seus netos os levem à igreja, para que possam fazer amizade com pessoas de famílias tementes a Deus. Se os pais não levarem os filhos à igreja, veja se permitem que *você* os leve, se eles morarem perto o suficiente para isso. Se não puder levá-los, ore para que outra pessoa caridosa se ofereça para fazê-lo. Tenho uma amiga que leva cinco netos (cujas idades variam de 2 a 16 anos) à igreja quase todo fim de semana — e eles adoram, porque a igreja tem ótimos departamentos para todas as faixas etárias. Os pais dessas crianças vivem ocupados e ficam muito felizes por ela fazer isso, pois dormem em casa nesse dia e percebem que ir à igreja é algo que os filhos aguardam com muita expectativa. Ore para que seus netos encontrem amigos piedosos aonde quer que forem e tenham predileção por esse tipo de amizade. Ore para que tenham *discernimento* para saber quando um amigo não é temente a Deus e *força* para resistir à influência desse indivíduo em sua vida.

~ Minha oração a Deus ~

Senhor, elevo a ti meus netos. (Diga o nome de um deles diante de Deus.) Peço que tragas amigos tementes a ti para a vida deles. Sei como amigos errados podem levá-los para longe de ti e de teus caminhos. Por favor, não permitas que isso aconteça com meus netos. Tua Palavra diz muito sobre os benefícios de ter amigos piedosos, de modo que tua advertência é bem clara. Conduz meus netos para boas escolas e boas igrejas, onde possam conhecer amigos que temem a ti.

Remove qualquer atração que meus netos tenham por amigos que possam levá-los a se desviar do caminho que tu tens para eles. Incomoda a consciência deles para que se neguem a buscar aceitação de pessoas que os afastariam de ti e de teus caminhos. Dá-lhes uma visão clara das consequências de andar com amigos ímpios que os conduziriam à ruína. Faz que se recusem a seguir por esse caminho.

Se amigos que são má influência já tiverem entrado na vida deles, afasta meus netos deles. Deixa seus pais cientes disso. Dá-me revelação sobre isso também, e mostra-me como interceder por essa questão. Rompe essas amizades e retira toda má influência da vida deles. Não permitas que os planos do maligno sejam bem-sucedidos na vida de meus netos por meio da influência de amigos ímpios.

Oro em nome de Jesus.

~ A Palavra de Deus para mim ~

O justo dá bons conselhos a seus amigos,
mas os perversos os desencaminham.
Provérbios 12.26

Não se ponham em jugo desigual com os descrentes. Como pode a justiça ser parceira da maldade? Como pode a luz conviver com as trevas? Que harmonia pode haver entre Cristo e o diabo? Como alguém que crê pode se ligar a quem não crê?
2Coríntios 6.14-15

Não imite a conduta dos perversos, nem siga pelos caminhos dos maus.
Provérbios 4.14

Acaso duas pessoas podem andar juntas se não estiverem de acordo?
Amós 3.3

Quem anda com os sábios se torna sábio, mas quem anda com os tolos sofrerá as consequências.
Provérbios 13.20

21
Senhor, concede a meus netos sabedoria e entendimento que vêm do alto

Todos nós desejamos que nossos netos, bem como nossos filhos, tenham o tipo de sabedoria que vem de Deus. Essa é a *verdadeira* sabedoria. Sem isso eles não podem tomar decisões adequadas, discernir o bem do mal, nem perceber o verdadeiro caráter de outra pessoa.

A Bíblia diz que o princípio da sabedoria reside na profunda reverência por Deus (Pv 9.10). Deus derrama sua sabedoria — seu Espírito de sabedoria — sobre o coração daquele que o teme. A sabedoria concedida pelo Espírito Santo dará a seus netos um tipo de entendimento que lhes será útil por toda a vida.

A Bíblia diz: "O filho sábio alegra seu pai, o filho tolo entristece sua mãe" (Pv 10.1). Os pais se alegram quando os filhos são sábios, e não tolos. "Meu filho, se seu coração for sábio, meu coração se alegrará!" (Pv 23.15).

Por outro lado, "o filho indisciplinado envergonha sua mãe" (Pv 29.15). Esse versículo refere-se a um filho que não tem a correção dos pais. Sem essa correção, ele não terá sabedoria, fará escolhas erradas na vida e se tornará orgulhoso. "O orgulho termina em humilhação, mas a humildade alcança a honra" (Pv 29.23).

Um filho pode ser poupado de muitas coisas terríveis pelo simples fato de ter sabedoria para tomar decisões corretas. Com todo o mal e engano que existe no mundo, nossos filhos e netos não podem enfrentar a vida com sucesso sem ter sabedoria. Eles precisam de discernimento para não confiar nas pessoas erradas. A sabedoria que vem do alto os capacitará a ouvir quando Deus lhes falar ao coração, dizendo-lhes que caminho devem seguir.

A Palavra de Deus diz: *"Feliz é a pessoa que encontra sabedoria, aquela que adquire entendimento. Pois a sabedoria dá mais lucro que a prata* e rende mais que o ouro. A sabedoria vale muito mais que rubis; *nada do que você deseja se compara a ela.* Com a mão direita, *ela oferece vida longa;* com a esquerda, *riqueza e honra. Ela o guiará por estradas agradáveis; todos os seus caminhos levam a uma vida de paz.* A sabedoria é árvore de vida para quem dela toma posse; *felizes os que se apegam a ela com firmeza"* (Pv 3.13-18).

Isso significa que a sabedoria é mais valiosa que todos os maiores tesouros da terra, porque traz uma vida longa, agradável, pacífica e feliz.

Isso o dinheiro não pode comprar.

A sabedoria divina vai muito além de educação e conhecimento sobre as coisas. É uma noção constante da verdade que permite às pessoas tomar as decisões certas. Elas conseguem interpretar os detalhes da vida com muito mais sucesso se tiverem o Espírito de sabedoria a guiá-las.

A Bíblia diz: "O sábio que os ouvir se tornará ainda mais sábio. *Quem tem entendimento receberá orientação"* (Pv 1.5). Um coração humilde e disposto a ouvir os conselhos de pessoas do povo de Deus trará bênçãos sobre si. A Bíblia diz que Deus nos chama a buscar o Espírito de sabedoria e que ele derramará sobre nós sua sabedoria. Mas, quando rejeitamos seu conselho, Deus não se agrada. "*Desprezaram meu conselho e rejeitaram minha repreensão. Por isso, rirei quando estiverem em dificuldades*; zombarei quando estiverem em apuros" (Pv 1.25-26). Tudo que temos a fazer é pedir a Deus sabedoria, e ele nos dará. E podemos pedi-la não só para nós, mas também para nossos filhos e netos. E podemos orar para que eles compreendam o valor de pedir sabedoria a Deus por si próprios.

O oposto do sábio é o tolo. Há na Bíblia advertências o suficiente sobre ser tolo para nos encorajar a orar muito a esse respeito.

Os que rejeitam o conhecimento são tolos. "Até quando vocês, tolos, detestarão o conhecimento?" (Pv 1.22). Mas quando os tolos começam a ouvir a Deus, ele os recompensa com sabedoria e entendimento. "*Venham e ouçam minhas advertências; abrirei meu coração para vocês e os tornarei sábios*" (Pv 1.23).

Aqueles que rejeitam a oportunidade de adquirir sabedoria se arrependerão: "*Quando clamarem por socorro, não responderei; ainda que me procurem, não me encontrarão. Porque detestaram o conhecimento e escolheram não temer o* SENHOR. *Rejeitaram meu conselho e ignoraram minha repreensão.* Portanto, comerão os frutos amargos de seu estilo de vida e engasgarão em suas próprias intrigas. Pois os ingênuos se afastam de mim e rumam para a morte; *os tolos são destruídos por sua própria acomodação*" (Pv 1.28-32).

Essa é uma advertência assustadora, e não queremos que nada disso aconteça a nossos netos.

A sabedoria divina nos dá visão, sensatez e uma intensa noção sobre a coisa certa a fazer. Queremos que nossos netos sempre saibam qual é o certo a fazer em cada situação.

A sabedoria divina nos dá bom senso. Os que não creem em Deus não têm isso. E quem não tem bom senso comum é incapaz de enxergar as consequências de seus atos antes de agir.

Eu sei que não preciso convencer você da necessidade de seus netos terem sabedoria. Todos já cometemos erros estúpidos na vida e desejamos ter tido a sabedoria de Deus naquele momento. Todos já vivemos tempo suficiente para saber o valor da sabedoria de Deus, de modo que gostaríamos de poupar nossos netos das coisas terríveis que podem acontecer àqueles que não têm bom senso.

Por isso precisamos orar.

— Minha oração a Deus —

Senhor, oro para que derrames teu Espírito de sabedoria sobre meus netos. (Diga o nome de cada um deles diante de Deus.) Tua Palavra diz: "*Clame por inteligência e peça entendimento. Busque-os como a prata, procure-os como a tesouros escondidos. Então entenderá o que é o temor do SENHOR e obterá o conhecimento de Deus*" (Pv 2.3-5). Clamo por discernimento em favor de meus netos. Dá-lhes o desejo de adquirir o entendimento que vem de ti. Leva-os a buscar a tua sabedoria. Eu sei pela tua Palavra que a sabedoria vem por meio do teu Santo Espírito.

Não permitas que façam coisas tolas para que não venham a sofrer as consequências reservadas a todo insensato. Dá-lhes sabedoria para se afastarem do perigo e do mal.

Ajuda-os a ouvir tua voz dizendo-lhes que caminho devem seguir (Is 30.21). Torna meus netos suficientemente sábios para discernir entre o que é puro e o que não é. Concede-lhes a sabedoria de que necessitam para perceber o verdadeiro caráter daqueles que os rodeiam, a fim de que afastem de sua vida os malfeitores. Ensina-os a ouvir os sábios conselhos da tua Palavra (Pv 1.5).

Tua Palavra diz: "Quem dá ouvidos à crítica construtiva se sente à vontade entre os sábios" (Pv 15.31). "Quem rejeita a disciplina prejudica a si mesmo, mas quem dá ouvidos à repreensão adquire entendimento" (Pv 15.32). "O temor do SENHOR ensina sabedoria; a humildade precede a honra" (Pv 15.33).

Para meus netos, faço o mesmo pedido que Paulo fez, isto é, peço "a Deus que lhes conceda pleno conhecimento de sua vontade e também sabedoria e entendimento espiritual", e que vivam "de modo a sempre honrar e agradar ao Senhor, dando todo tipo de bom fruto e aprendendo a conhecer a Deus cada vez mais" (Cl 1.9-10). Oro para que livres meus netos do poder das trevas da ignorância e os leves para o "reino de seu Filho amado" (Cl 1.13).

Oro em nome de Jesus.

– A Palavra de Deus para mim –

O temor do SENHOR é o princípio da sabedoria;
o conhecimento do Santo resulta em discernimento.
Provérbios 9.10

O pai dos justos tem motivos para se alegrar;
é uma grande alegria ter filhos sábios.
Provérbios 23.24

*Pois a sabedoria entrará em seu coração,
e o conhecimento o encherá de alegria.
As escolhas sábias o guardarão,
e o entendimento o protegerá.
A sabedoria o livrará das ações dos maus,
daqueles cujas palavras são perversas.*
Provérbios 2.10-12

*O tolo mostra toda a sua ira,
mas o sábio a controla em silêncio.*
Provérbios 29.11

*O homem que ama a sabedoria alegra seu pai,
mas o que anda com prostitutas desperdiça sua riqueza.*
Provérbios 29.3

QUARTA SEÇÃO

Orando pela provisão e pelo bem-estar de seus netos

22
Senhor, ajuda-me a ser modelo de vida para meus netos

Não vivemos em um vácuo. Tudo que fazemos — ou *não* — pode de alguma forma afetar nossa família no reino espiritual. Por exemplo, a Palavra de Deus diz: "Como é feliz aquele que teme o Senhor e tem prazer em obedecer a seus mandamentos! *Seus filhos serão bem-sucedidos em toda a terra*; uma geração inteira de justos será abençoada" (Sl 112.1-2). Isso significa que, mesmo que cada um de nós seja responsável diante de Deus pelo relacionamento e pela caminhada que temos com ele, existem também inúmeras bênçãos e benefícios para nossos filhos e netos porque amamos, servimos, adoramos e honramos o Senhor e obedecemos a ele.

Que magnífica promessa de Deus àqueles que o reverenciam e andam em seus caminhos! É por isso que, não importa há quanto tempo e quão bem estejamos caminhando com Deus, é sempre bom pedir humildemente que ele nos mostre se existe algo em nosso coração ou em nossa vida que não o agrada. Afinal, qualquer um de nós pode carregar dentro de si falta de perdão, amargura, dúvida ou pensamentos nada amorosos em relação a alguém, e não pensar nisso como pecado. Essas atitudes muitas vezes se infiltram sorrateiramente, e nem nos damos conta delas se não pedirmos a Deus que nos ajude a atentar para isso. O melhor a fazer é expor todos os nossos pecados diante dele, para que possamos confessá-los e nos libertar de tudo que impeça nossas orações de serem respondidas.

Nossa descendência recebe bênçãos quando vivemos nos caminhos de Deus; por isso, é importante que não só vivamos sempre na vontade divina, mas que demonstremos isso de forma concreta, que fique clara para eles.

Mostrando a nossos netos os caminhos do Senhor

Uma das coisas que o Senhor deseja de nós é que falemos a nossos filhos e netos sobre ele — o que ele fez na terra bem como em nossa vida, e o que ele está fazendo em nós no presente momento. Espera-se que essas verdades sejam transmitidas: "Contem a seus filhos o que aconteceu, e que seus filhos contem aos filhos deles; transmitam esta história de geração em geração" (Jl 1.3). Deus não quer que todas as coisas grandiosas que ele tem feito por nós sejam mantidas em segredo: "Não esconderemos essas verdades de nossos filhos; contaremos à geração seguinte os feitos gloriosos do SENHOR, seu poder e suas maravilhas" (Sl 78.4).

Podemos compartilhar com nossos netos quão felizes são aqueles que amam a Deus e vivem em seu caminho. Podemos contar histórias de nossa vida, ou de pessoas que conhecemos que vivem nos caminhos de Deus e são abençoadas — ou histórias de pessoas que *não* viveram nos caminhos de Deus e sofreram as consequências. Devemos amar a Deus a ponto de nunca esquecer tudo que ele fez, de modo que "a geração seguinte, os filhos ainda por nascer", saibam disso e, por sua vez, ensinem a seus filhos (Sl 78.6). "Portanto, cada geração deve pôr sua esperança em Deus, não esquecer seus poderosos feitos e obedecer a seus mandamentos" (v. 7).

Ame o que Deus lhe ensinou, lhe falou ou fez por você a ponto de compartilhar tudo isso com seus netos de forma apropriada à idade deles, para que possam entender.

É de extrema importância que ensinemos nossos netos sobre Deus e os benefícios de viver nos caminhos dele, para que possam ensinar isso a *seus* filhos que um dia nascerão.

Quando compartilhamos a Palavra de Deus — bem como as palavras específicas que o Senhor nos tem falado ao coração —, conseguimos transmitir aos netos uma herança espiritual que permanecerá com eles para sempre. Podemos pedir a Deus que nos ajude a encontrar em sua Palavra passagens especiais que sejam simples e perfeitas para transmitir a nossos netos quando os encontrarmos, escrevermos para eles ou conversarmos com eles. Se não usarmos um tom de sermão, mas compartilharmos as passagens de forma alegre, natural e carinhosa, ela penetrará no coração deles — especialmente se orarmos para que isso aconteça.

Deus quer que sua Palavra seja passada de geração em geração, mas não podemos pensar que isso acontecerá de maneira automática, independentemente do que fizermos. Não funciona assim. Temos não apenas de permanecer na Palavra, mas também deixar que a Palavra permaneça em *nós*. Devemos abrir espaço para que o Espírito de Deus a torne viva em *nosso* coração, para que transborde de nós para nossos netos e lhes fale por nosso intermédio. E devemos *orar* para que isso aconteça.

A verdade é que tudo que temos assegurado no Senhor e aprendido com ele pode ser perdido na próxima geração. Todos nós já vimos isso acontecer em outras famílias. O inimigo de todo crente constantemente tentará roubar de nós tudo que for de Deus, incluindo filhos e netos. Mas nós temos poder pela oração para detê-lo. É o *poder de Deus*, e ele trabalha poderosamente por meio de *nossas orações*. Mas não devemos *apenas orar*. Deus diz que também devemos *contar*.

A menos que contemos para a próxima geração aquilo que sabemos de Deus e oremos para que eles guardem no coração, não podemos simplesmente presumir que nossos netos crescerão conhecendo e amando a Deus.

Reatando o que foi rompido

Pode ser que alguns relacionamentos tenham sido rompidos em sua família. Se isso aconteceu, não se culpe nem culpe os outros. É um desperdício de tempo e não resolve nada. Rompimentos nas relações familiares fazem parte do plano do inimigo. Ele odeia as famílias porque são parte do plano de Deus para nós, por isso ele arruma maneiras de destruí-las. Portanto, perdoe a si mesmo e aos outros e passe logo à tarefa de uma guerreira de oração: orar.

Se você em algum momento se sentiu sem esperança ou em desespero pelos rompimentos ocorridos em sua família, quero que entenda o poder do que foi prometido em Isaías 58 sobre o que acontece quando *jejuamos e oramos*. Deus descreve o tipo de jejum que *ele* deseja, que consiste em derrubar barreiras: "*Soltem os que foram presos injustamente, aliviem as cargas de seus empregados. Libertem os oprimidos, removam as correntes* que prendem as pessoas" (Is 58.6). E tem muito mais. Ele passa, então, a descrever tudo que será alcançado por causa do jejum — coisas como cura, libertação, resposta a orações, orientação, força, incessante vivificação e restauração.

Que família não precisa disso?

Deus diz que jejuar e orar é uma das melhores maneiras de alcançar uma transformação poderosa em sua vida e em sua família. Ele diz: "*Reconstruirão as ruínas desertas de suas cidades e serão conhecidos como reparadores de muros* e restauradores de ruas e casas" (Is 58.12).

Se você vê lugares desertos e fundações em ruínas em sua família, por qualquer motivo que seja, saiba que Deus faz milagres quando você jejua e ora. Isso acontece porque é da vontade de Deus que sua família não só permaneça intacta, mas esteja estabelecida firmemente sobre a rocha, que é Jesus Cristo, e sua Palavra. Por meio de jejum e oração, *você* pode ser um dos "reparadores" que ajudarão a reconstruir a fundação de sua família.

Esta grande promessa para aqueles que, como nós, amam e servem a Deus é a razão de nunca podermos parar de orar: "Meu Espírito não os deixará, *nem estas palavras que lhes dei. Estarão em seus lábios, nos lábios de seus filhos e nos lábios de seus descendentes*, para sempre. Eu, o SENHOR, falei!" (Is 59.21).

A Bíblia diz: "O justo anda em integridade; felizes os filhos que seguem seus passos" (Pv 20.7). Ore para que essa verdade seja evidente em você e em sua família.

Um dia, uma das coisas que quero compartilhar sobre o Senhor com meus netos — quando eles tiverem idade suficiente para entender — é a promessa do céu e de vivermos com Deus para sempre. Quero lhes contar sobre essa promessa porque sou muito mais velha que eles, e um dia posso ficar doente ou muito cansada e Deus pode me levar para o céu para estar com ele. Mas não quero que eles se sintam tristes por isso — bem, talvez no começo se sintam, porque espero ter sido uma bênção para eles. Mas não devem ficar tristes muito tempo. Digo isso porque estarei extremamente feliz no céu. Mesmo sentindo a falta deles, eu me sentirei feliz por estar com Jesus. Não adoecerei mais. Terei uma bela morada para viver e comida maravilhosa para comer, e todos lá amarão a Deus e uns aos outros. Não haverá nada a temer, pois lá não haverá dor nem tristeza. E um dia, quando chegar o momento de *meus netos* irem estar com o Senhor, Jesus também os encontrará, e eu estarei lá para recebê-los. E nós estaremos juntos com o Senhor e nossos entes queridos, para todo o sempre, no mais belo e maravilhoso lugar que podemos imaginar.

Direi a eles que Deus sempre tem boas coisas à espera daqueles que o amam.

– Minha oração a Deus –

Senhor, elevo a ti meus netos. (Diga o nome de cada um deles diante de Deus.) Ajuda-me a ser para eles um grande modelo de alguém que teme a ti. Grava tua Palavra de maneira tão profunda em meu coração que eu não só a compreenda e guarde, mas que ela se torne tanto parte de mim que transborde para meus filhos e netos em meu modo de agir e falar. Mostra-me como transmitir tua Palavra a cada um deles de maneira amorosa e edificante, para que ela também se torne parte deles e lhes seja gravada no coração. Capacita-me a sempre transmitir tua Palavra como uma bênção que eles gostem de ouvir, e não como um julgamento que lhes feche o coração para ela.

Mostra-me se há algum pecado em minha vida que preciso confessar diante de ti. Não quero que nada venha a interferir em tuas promessas de que derramarás bênçãos sobre meus descendentes se eu levar uma vida justa diante de ti. Ajuda-me a ter vida longa e saudável, para que eu possa ser uma influência positiva, amorosa e ativa na vida de meus netos. Oro no mesmo sentido em relação aos pais deles. Tua Palavra diz que os "os filhos de teus servos viverão em segurança, e seus descendentes prosperarão em tua presença" (Sl 102.28). Faço disso uma oração por minha família.

Oro para que cada um de meus netos, mesmo os que ainda não nasceram, te sirvam todos os dias da vida deles. Não permitas jamais que sejam arrancados de tuas mãos. Ajuda-me a construir neles tamanho alicerce em tua Palavra e em oração que, mesmo depois que eu tiver partido para estar contigo, esse fundamento lhes seja um grande benefício. Capacita-me a compartilhar a tua Palavra de forma tão inspiradora que ela seja passada de geração em geração.

Capacita-me a sempre me dedicar à oração "com a mente alerta e o coração agradecido" (Cl 4.2). Também peço que me dês "muitas oportunidades de falar do segredo a respeito de Cristo" (Cl 4.3) para meus filhos e netos. Ensina-me a dar sempre um bom conselho quando alguém me pedir. Se eu sentir fortemente que devo oferecer conselhos piedosos que ninguém pediu, permite-me discernir tua vontade sobre como devo oferecê-lo.

Dou graças porque o bem que faço por ti não apenas te glorifica, mas também abençoa meus *filhos* e *netos*, bem como os descendentes que ainda virão a nascer. Que a minha vida seja um testemunho da maravilha que é viver em teus caminhos e guardar teus mandamentos. Faz que eu seja um doce aroma na vida de meus netos, por causa da beleza do teu amor e da tua vida em mim.

Oro em nome de Jesus.

– A Palavra de Deus para mim –

Fiquem muito atentos! Cuidem para que não se esqueçam daquilo que viram com os próprios olhos. Não deixem que essas lembranças se apaguem de sua memória enquanto viverem.
Passem-nas adiante a seus filhos e netos.
Deuteronômio 4.9

O perverso certamente será castigado,
mas os justos serão poupados.
Provérbios 11.21

Seus descendentes serão reconhecidos e honrados entre as nações.
*Todos saberão que eles são um povo abençoado pelo S*ENHOR.
Isaías 61.9

Ó meu Deus, que vive para sempre,
não tires minha vida enquanto ainda sou jovem!
Salmos 102.24

*Pois o S*ENHOR *Deus é nosso sol e nosso escudo;*
ele nos dá graça e honra.
*O S*ENHOR *não negará bem algum*
àqueles que andam no caminho certo.
Salmos 84.11

23
Senhor, capacita os pais de meus netos a ser bons provedores para sua família

Uma das muitas grandes bênçãos que Deus nos dá quando vivemos em seus caminhos é sua provisão. O rei Davi disse: "Fui jovem e agora sou velho, mas *nunca vi o justo ser abandonado, nem seus filhos mendigarem pão*" (Sl 37.25). Quando somos misericordiosos e generosos, nossos "filhos são uma bênção" (Sl 37.26). Deus "jamais abandonará seu povo fiel. Ele sempre os protegerá, mas os filhos dos perversos serão destruídos" (Sl 37.28).

Deus promete àqueles que o temem, o amam e lhe obedecem que irá prover para eles. "*Uma geração inteira de justos será abençoada*. Em sua casa, haverá riqueza e prosperidade" (Sl 112.2-3). Essa não é uma garantia de que seremos ricos em dinheiro e bens materiais. Isso fica a critério da vontade de Deus. Mas podemos ser ricos de muitas maneiras, como usufruir de boa saúde, ter fartura de alimentos, as roupas de que necessitamos, um lugar seguro para viver e coisas que não perecem.

Deus promete prover a nossas necessidades, mas os mantimentos não caem do céu. Muitas vezes ele provê abrindo para nós portas de oportunidade para um bom trabalho e nos capacitando a realizá-lo. Portanto, temos de orar para que Deus capacite os pais de nossos netos, a fim de que possam cuidar das necessidades de seus filhos.

Em primeiro lugar, peça a Deus que mostre aos pais de seus netos o que eles devem fazer em seu trabalho e qual a melhor forma de sustentar a família. Peça-lhe que abençoe o trabalho que fazem e lhes dê senso de equilíbrio sobre quanto trabalhar. A Palavra de Deus diz: *"Não se desgaste tentando ficar rico; tenha discernimento para saber quando parar. Num piscar de olhos a riqueza desaparecerá; criará asas e voará para longe, como uma águia"* (Pv 23.4-5).

Ore para que os pais não sejam pessoas viciadas em trabalho a ponto de sacrificar o bem-estar dos filhos no altar da busca de riquezas que desaparecem em vez de fazer dos filhos sua prioridade.

Esse é um foco muito importante para suas orações. Durante minha infância, minha mãe e meu pai viviam de pagamento em pagamento, e muitas vezes o que recebiam por um trabalho não durava até o próximo, porque eram escassos e distantes entre si. Por causa disso, muitas vezes fui para a cama com fome, o que era terrível. E eles só podiam comprar para mim um par de sapatos baratos por ano. Isso significava que meus pés cresceriam, ficariam grandes para os sapatos e eles se estragariam lá pelo meio do ano. As solas se descolavam e meu pai tinha de colá-las de novo. Mas elas continuavam saindo — às vezes na escola ou quando eu ia andando para a aula — e não podiam mais ser coladas. Certa vez, minha mãe colocou elásticos em torno dos sapatos para segurar as solas, e tive de ir para a escola assim. Foi humilhante. Todos notaram e riram de mim.

Nossa casa era um barraco bem precário atrás de um posto de gasolina. Ratos corriam pela minha cama à noite. Ninguém mais naquela área morava num lugar tão terrível. Por isso, nunca podia trazer alguma colega para casa, pois ela veria aquilo. A pobreza é algo doloroso e nada divertido. Quem diz que foi pobre, mas nunca se importou com isso, nunca viveu na pobreza. Isso significa, talvez, que tinha apenas um aparelho de televisão, enquanto seus amigos tinham dois. Pode acreditar em mim, ir para a cama com fome e ter sapatos estragados que não podem ser consertados nem substituídos é algo que você sente dolorosamente.

Não queremos pobreza e uma vida de luta dolorosa para nossos filhos e netos. Queremos a provisão de Deus para eles. Também não queremos que tenham tanta riqueza a ponto de perderem de vista suas prioridades e acharem que não precisam de Deus. Não queremos que sejam preguiçosos e não trabalhem, nem queremos que sacrifiquem tudo, incluindo casamento e filhos, para ir atrás de riquezas. Queremos que seu trabalho seja recompensado e eles sejam bem-sucedidos, de modo que possam prover o que a família necessita.

Ore para que Deus abençoe o trabalho dos pais de seus netos a fim de que eles possam sempre prover às necessidades dos filhos. E ore para que todos saibam de onde vem seu socorro.

– Minha oração a Deus –

Senhor, elevo a ti os pais dos meus netos. (Diga o nome de cada um deles diante de Deus.) Oro para que esses pais sempre tenham bom emprego e sejam abençoados com sucesso e compensações financeiras. Protege-os da pobreza, mas também do tipo de riqueza que afaste o coração deles de ti. Ajuda-os a entender que *tu és* o provedor, de modo que sejam sempre gratos a ti por tudo que lhes tens dado, mas que entendam também que ainda assim têm de trabalhar diligentemente, fazendo aquilo para que tu os chamaste. Oro para que busquem tua provisão e também retribuam a ti e aos outros conforme tu os orientares.

Capacita os pais de meus netos a fazer bem seu trabalho, de modo a conquistarem o reconhecimento de Deus e das pessoas. Ajuda-os a fim de que "jamais sejam preguiçosos, mas trabalhem com dedicação e sirvam ao Senhor com entusiasmo" (Rm 12.11). Oro para que eles amem seu trabalho e façam o que amam. Não permitas que venham a negligenciar seus filhos por trabalharem tanto a ponto de o trabalho tomar muito de seu tempo. Que nunca sacrifiquem os filhos no altar da carreira nem os façam sofrer por causa disso. Livra-os da pobreza que fere e da riqueza que corrompe.

Concede-lhes uma boa ética profissional que os mantenha diligentes para fazer bem seu trabalho, e sábios o bastante para escapar das armadilhas da preguiça e da irresponsabilidade. Tua Palavra diz: "O preguiçoso logo empobrece, mas os que trabalham com dedicação enriquecem" (Pv 10.4). Ajuda-os a entender que "esse é o destino de todos os gananciosos; sua própria cobiça os destrói" (Pv 1.19).

Nas áreas em que carecem de habilidades, ajuda-os a se tornarem mais instruídos para que continuem a crescer e a melhorar, a fim de fornecer o que as pessoas precisam. Abre portas de oportunidade para que possam crescer. Fecha as portas que não devem atravessar. Tu disseste em tua Palavra que poder desfrutar os frutos do trabalho é um presente teu (Ec 3.13). Oro para que os pais de meus netos façam um bom trabalho e gostem do que façam. Ajuda-os a entender que "o trabalho árduo produz lucro, mas a conversa fiada leva à pobreza" (Pv 14.23). Ensina-os a realmente fazer seu trabalho, e não apenas falar sobre fazê-lo. Peço que faças "prosperar nossos esforços" (Sl 90.17).

Dou graças porque tua Palavra diz: "A bênção do Senhor traz riqueza, e ele não permite que a tristeza a acompanhe" (Pv 10.22). Que esse versículo inspire o coração dos pais de meus netos a sempre dedicar-te seu trabalho e pedir-te que o abençoes. Mostra-lhes que seu socorro está no teu nome (Sl 124.8). Oro em nome de Jesus.

– A Palavra de Deus para mim –

Quem são os que temem o Senhor?
Ele lhes mostrará o caminho que devem escolher.
Viverão em prosperidade, e seus filhos herdarão a terra.
Salmos 25.12-13

Como é feliz aquele que teme o Senhor,
que anda em seus caminhos!
Você desfrutará o fruto de seu trabalho;
será feliz e próspero.
Salmos 128.1-2

O salário do justo produz vida,
mas o dinheiro do perverso o conduz ao pecado.
Provérbios 10.16

Esse é o destino de todos os gananciosos;
sua própria cobiça os destrói.
Provérbios 1.19

Amado, espero que você esteja bem
e fisicamente tão sadio quanto é forte em espírito.
3João 1.2

24
Senhor, ajuda meus netos a entender quem tu os criaste para ser

Um dos aspectos mais importantes do bem-estar de uma criança consiste em ter uma noção de quem Deus a criou para ser. E essa noção surge à medida que a criança cresce e passa a entender quem *Deus é*, e que ela é *filha de Deus*. Quando as crianças sabem que pertencem a Deus e que ele é seu Pai celestial, isso as ajuda a ver quem *elas* são em relação a *ele*.

Deus disse a seu povo: "*Derramarei meu Espírito sobre seus descendentes* e *minha bênção sobre suas futuras gerações*. [...] Alguns afirmarão: '*Pertenço ao* SENHOR' [...]. Alguns escreverão nas mãos *o nome do* SENHOR" (Is 44.3,5). Em outras palavras, as crianças saberão quem *elas* são porque sabem quem *Deus* é e que pertencem a ele.

Quando as pessoas sabem quem Deus as criou para ser, esse conhecimento lhes dá um senso de propósito. E esse senso de propósito as impede de desperdiçar a vida atrás de coisas que não têm sentido. Podem não saber detalhes desse propósito divino para elas, mas isso lhes será revelado, uma vez que aceitem Jesus e comecem a caminhar com ele e a buscar nele essa revelação. No caso de pessoas muito jovens, pode ser suficiente simplesmente saberem que Deus *tem* um grande *propósito* para a vida delas, para que não fiquem atrás de alguém ou de algo que esteja tentando levá-las a se desviar do Senhor.

Deus nos dá seu Espírito para que possamos conhecê-lo e entender as coisas maravilhosas que ele nos tem dado, incluindo nosso propósito (1Co 2.12).

Quando as crianças não sabem quem são nem quem Deus as criou para ser, podem facilmente se desviar do caminho que Deus tem para elas. Ou nem chegar a encontrá-lo. Quando isso acontece, elas podem seguir qualquer outra coisa. Podem se tornar inseguras, frustradas, ansiosas, tristes ou deprimidas. Elas tentam *fazer* sua vida acontecer, e quando as coisas não acontecem como elas acham que deveriam — em outras palavras, quando não encontram a realização, a admiração e o sucesso que estão buscando —, tornam-se críticas de si mesmas. Comparam-se com os outros e se sentem fracassadas por não se acharem à altura dos demais.

Quando crianças ou jovens têm uma noção clara de quem são, não desperdiçam a vida em coisas insignificantes, na melhor das hipóteses, nem em coisas prejudiciais, na pior das hipóteses. Não olham para o mundo em busca de aprovação. Olham para o Senhor.

Os jovens que estão confusos a respeito de quem são e de qual é seu propósito precisam de nossas orações. Podemos orar para que Deus lhes traga clareza, pois a confusão não vem de Deus. Devemos orar para que a voz de Deus na vida deles não seja abafada pelos ruídos do mundo, mas que possam ouvi-la claramente em seu coração, conduzindo-os na direção certa.

Todos precisamos saber que "em Cristo nós *nos tornamos herdeiros de Deus*, pois ele nos predestinou *conforme seu plano* e faz que tudo ocorra de acordo com sua vontade" (Ef 1.11). Parte da herança que recebemos de Deus é esse sublime propósito que ele nos deu, a fim de que façamos sua vontade. Compreender isso nos ajuda a orar para que nossos netos recebam do Senhor uma visão clara sobre *quem Deus é e quem ele os criou para ser*. E podemos encorajá-los nesse sentido de toda maneira que Deus nos mostrar.

Se você tem netos que cresceram sem nenhum senso de propósito, peça a Deus que lhes dê agora uma visão para a vida, a fim de que não vivam sem rumo. É perigoso uma criança não ter senso de propósito. As que acabam consumindo drogas, cometendo crimes, destruindo pessoas e bens e não alcançando nada de bom na vida não têm um senso de propósito divino. Se você estiver orando por um de seus netos a esse respeito, não desista. Às vezes, quando os jovens já aprenderam a pensar de maneira errada, leva um tempo maior.

Algumas crianças, que estão presas em um estilo de vida ímpio, podem levar mais tempo que outras para encontrar seu propósito. Mas, em contrapartida, Deus pode trazer uma transformação surpreendente quando oramos. Já vi isso acontecer. Certa vez, conheci um jovem sem direção e errante que um belo dia acordou com uma visão para sua vida que só poderia ter vindo de Deus. E ele foi em frente, a todo vapor, em busca do que Deus lhe tinha revelado. Foi um milagre. E aconteceu em resposta às orações de seus pais, avós e amigos.

Portanto, não pare de orar por seus netos, até que o milagre aconteça.

– Minha oração a Deus –

Senhor, elevo a ti meus netos. (<u>Diga o nome de cada um deles diante de Deus</u>.) Capacita-os a compreender quem tu os criaste para ser. Revela-lhes o conhecimento de quem tu és, para que possam entender quem eles são em relação a ti. Ajuda-os a saber que tu és seu Pai celestial e eles são teus filhos. E, como filhos, eles têm uma herança divina. Dá-lhes uma visão clara para a vida e um senso da razão de estarem neste mundo. Ensina-os a compreender claramente que foram criados para um propósito. Ajuda-os a entender esse propósito.

Ajuda cada um de meus netos a caminhar com tamanho senso de propósito que isso os impeça de perder o foco com atividades mundanas sem sentido. Remove deles toda a confusão sobre quem são e leva-os a ouvir tua voz no coração, dizendo que caminho devem seguir. Afasta-os das distrações do mundo que sejam um obstáculo para tudo que tu tens para eles. Não permitas que nada os leve para longe de teus planos para a vida deles. Dá-lhes uma visão que lhes possibilite ter um vislumbre de tudo que lhes reservas, de modo que vivam com um senso do teu propósito para eles.

Derrama teu Espírito sobre meus netos, como está escrito em tua Palavra. Ajuda-os a dizer em seu coração: "Pertenço ao SENHOR" (Is 44.5). Concede a seus pais e avós a sabedoria e o conhecimento de que precisam para ajudá-los a entender que nasceram para um propósito elevado. E, mesmo que ainda não saibam exatamente qual é esse propósito, à medida que eles te buscarem e caminharem contigo eu sei que tu o revelarás a eles. Mostra-me como encorajá-los de todas as maneiras que eu puder.

Oro em nome de Jesus.

– A Palavra de Deus para mim –

Ensinarei seus filhos, e eles terão grande paz.
Isaías 54.13

*Que ele conceda os desejos do seu coração
e lhe dê sucesso em todos os seus planos.*
Salmos 20.4

*Que o sábio não se orgulhe de sua sabedoria, nem o poderoso
de seu poder, nem o rico de suas riquezas. Aquele que deseja se
orgulhar, que se orgulhe somente disto: de me conhecer e entender
que eu sou o SENHOR, que demonstra amor leal e traz justiça e
retidão à terra; isso é o que me agrada. Eu, o SENHOR, falei!*
Jeremias 9.23-24

*Levante-se, Jerusalém! Que sua luz brilhe para que todos a vejam,
pois sobre você se levanta e reluz a glória do SENHOR.*
Isaías 60.1

*E nós recebemos o Espírito de Deus, e não o espírito deste
mundo, para que conheçamos as coisas maravilhosas que Deus
nos tem dado gratuitamente.*
1Coríntios 2.12

25

Senhor, revela a meus netos seus dons e seu chamado

Deus tem um propósito para a vida de seus filhos, e para alcançar e cumprir esse propósito ele deu a cada um dons e talentos especiais. Ele fala ao coração de cada pessoa o que especificamente a chamou a fazer com seus dons e talentos. Quando andamos com Deus e buscamos sua direção para nossa vida, ele nos ajuda a obter uma compreensão sobre quais são nossos dons e como devem ser usados.

A Bíblia diz que Deus "nos salvou e *nos chamou para uma vida santa*, não porque merecêssemos, mas *porque este era seu plano* desde os tempos eternos: *mostrar sua graça* por meio de Cristo Jesus" (2Tm 1.9). Assim, nossos dons e talentos não determinam nossa vocação. Nosso chamado é determinado por Deus, e ele nos permite cumpri-lo com os dons e talentos que nos concedeu.

Sempre que algum avô ou avó me diz que sente como se não tivesse mais um propósito, eu respondo: "Se você tem netos, tem um propósito. E Deus usará cada dom e talento seu para cumprir esse chamado especial. Não estou dizendo que esse seja seu único propósito na vida, mas não diga que você não tem um".

Se você já se sentiu assim, saiba que a verdadeira razão de eu ter escrito este livro foi para ajudá-la a cumprir seu chamado como guerreira que ora a Deus em favor desta nova geração, que tão desesperadamente precisa de orações.

Deus sabe o chamado que tem para cada um de seus netos. Ele vê os dons e talentos que lhes concedeu a fim de que cumpram seu chamado. Talvez ainda não possamos vê-los, mas Deus os vê e os revelará à medida que o buscamos, pedindo esse conhecimento.

Ore para que seus netos sejam capazes de identificar ainda novos os dons e talentos que Deus lhes deu. Ore para que seus pais sejam capazes de também reconhecê-los. Peça a Deus que capacite os pais a ouvi-lo quanto à melhor forma de orientar os filhos no desenvolvimento e cuidado desses dons. Os filhos precisam ser ensinados que *"cada um tem seu próprio dom, concedido por Deus"* (1Co 7.7), para que não sejam tentados a cobiçar o dom dos outros.

Ore para que seus netos entendam que seus dons e talentos vêm de Deus, de modo que sejam gratos ao Criador, que lhes concedeu essas dádivas. Celebrar a *Deus*, em vez de celebrar seus dons e talentos, é uma maneira espiritualmente saudável de alcançar mais coisas com esses dons do que eles jamais conseguiriam alcançar por si sós. Isso acontece porque louvar a Deus por seu chamado abrirá a porta do coração de seus netos para que Deus possa derramar neles mais de si mesmo. Fazer isso, e também dedicar seus dons ao Senhor, os capacitará a realizar grandes coisas que permanecerão por toda a eternidade.

Muitas pessoas não têm ideia do que Deus as chamou a fazer, ou ainda, quando não conseguem identificar seus dons e talentos, podem acabar vagando sem rumo, desperdiçando a vida e nunca chegando aos planos que Deus lhes reservou.

Paulo disse: "*Cada um continue a viver na situação em que o Senhor o colocou, e cada um permaneça como estava quando Deus o chamou*" (1Co 7.17). Não queremos ver nossos netos buscando algo fora da vontade de Deus nem dissociado do que ele os chamou a fazer. Não queremos vê-los se esforçando por algo que Deus nunca abençoará.

Peça a Deus que lhe fale de forma específica sobre cada criança, sobretudo quando elas tiverem vários dons e talentos. Por exemplo, só porque alguém tem talento para música não significa que deva trabalhar com música. *Pode* ser que trabalhe, mas não necessariamente. Deus pode usar os dons das pessoas para a glória dele de muitas maneiras diferentes. É por isso que elas precisam saber exatamente o que o Senhor as está chamando a fazer e como ele quer usar esses dons e talentos para cumprir seu propósito.

É importante que outras pessoas também incentivem seus netos nas áreas em que eles se destacam ou têm potencial para se destacar um dia. Ore por pessoas que os encorajem, os reafirmem e sejam mentores piedosos na vida deles. Pessoas como uma tia, um tio, um professor, um treinador ou outro avô ou avó que esteja orando por eles pode ser especialmente útil. Sempre ore para que os dons e talentos de seus netos sejam utilizados para a glória de Deus, e não para sua glória pessoal. Ore para que nunca se esforcem para ser alguém ou algo que não são.

Peça a Deus que lhes dê equilíbrio para que não se tornem egoístas, autocentrados ou arrogantes sobre seus dons e talentos. Ore para que queiram que Deus se encarregue de abrir portas de oportunidade para que sirvam a *ele*. Se o foco estiver em Deus, ele os levantará.

– Minha oração a Deus –

Senhor, elevo a ti meus netos. (<u>Diga o nome de cada um deles diante de Deus</u>.) Agradeço por lhes teres concedido dons e talentos para serem usados em teus planos e propósitos especiais. Oro para que os capacites a ter uma nítida noção de teu chamado, para que não se desviem de teus planos para a vida deles. Dá a cada um a capacidade de identificar os dons e talentos que lhes concedeste. Ensina-os sobre como queres que esses dons sejam dedicados a ti e usados para a tua glória. Revela isso a seus pais, a fim de que saibam como cultivar e desenvolver esses dons. Revela a mim também, para que eu saiba como orar e encorajá-los.

Capacita meus netos a ouvir o chamado que tu tens para a vida de cada um deles. Usa-os para fazer uma diferença positiva na vida dos outros. Ajuda-me a encorajá-los naquilo que os chamaste a fazer. Oro para que se voltem para ti em busca de orientação e clareza. Peço que tu, meu Deus, "o Pai glorioso", concedas a meus netos "sabedoria espiritual e entendimento" para que possam compreender teu chamado para a vida deles (Ef 1.17).

Ajuda-os para que "vivam de modo digno do chamado que receberam" (Ef 4.1). Não permitas que percam tempo indo atrás de coisas que não são a tua vontade. Não deixes que passem a vida tentando descobrir quais são seus dons e talentos e qual é teu chamado para eles. Fala-lhes tão logo eles puderem ouvir e ensina-os a usar seus dons de acordo com a tua vontade.

Envia os professores, tutores e mentores certos para ensiná-los e incentivá-los. Abre a mente, os olhos e os ouvidos de cada um de meus netos, para ajudá-los a ver, ouvir e entender claramente o que queres que eles façam. Se algum de meus netos estiver enfrentando dificuldade em alguma questão relacionada ao aprendizado, eu sei que não há nada que tu não possas resolver na vida deles. Ajuda-os a ver que luta não significa fracasso. Pelo contrário, muitas vezes a luta lhes fornece exatamente o que precisam para ter sucesso.

Ensina-me a ser sempre um encorajamento para meus netos. Capacita-me a ajudá-los a entender que tu não só tens um chamado para a vida deles, mas os equipas para cumprir esse chamado na medida em que viverem em tua dependência.

Oro em nome de Jesus.

~ A Palavra de Deus para mim ~

*Pois as bênçãos de Deus e o seu chamado
jamais podem ser anulados.*
Romanos 11.29

*Por isso, irmãos, trabalhem ainda mais arduamente
para mostrar que, de fato, estão entre os que foram chamados
e escolhidos. Façam essas coisas e jamais tropeçarão.*
2Pedro 1.10

*Depois de predestiná-los ele os chamou,
e depois de chamá-los, os declarou justos,
e depois de declará-los justos, lhes deu sua glória.*
Romanos 8.30

*Deus, em sua graça, nos concedeu diferentes dons.
Portanto, se você tiver a capacidade de profetizar,
faça-o de acordo com a proporção de fé que recebeu.*
Romanos 12.6

Portanto, como prisioneiro no Senhor,
suplico-lhes que vivam de modo digno do chamado que receberam.
Sejam sempre humildes e amáveis, tolerando pacientemente uns aos
outros em amor. Façam todo o possível para se manterem unidos no
Espírito, ligados pelo vínculo da paz.
Efésios 4.1-3

26
Senhor, não permitas que o coração de meus netos se volte para os ídolos do mundo

Idolatria é exaltar qualquer outra coisa que não Deus.

O mundo está cheio de idolatria. Deus cega os olhos das pessoas que adoram ídolos, para que não sejam capazes de ver a verdade. A Bíblia diz: "Seus olhos estão fechados, e ele não consegue ver, sua mente está fechada, e não consegue compreender" (Is 44.18). Mas Deus nunca abandona aqueles que não o abandonam (1Sm 12.22.) É ministério do Espírito Santo atrair de volta para si corações que começam a se extraviar — se pedirmos a ele que faça isso.

A Bíblia diz que não devemos nos deixar "corromper pelo mundo" (Tg 1.27). Ela também diz que, se nos esforçamos para ser amigos do mundo, nos tornamos inimigos de Deus. E definitivamente não queremos nos tornar inimigos de Deus. Nem queremos que nossos netos o sejam.

Por isso devemos orar para que nossos netos sempre temam o Senhor e nunca se esqueçam de "todas as coisas maravilhosas que ele fez" (1Sm 12.24).

Mesmo que um jovem já tenha ido atrás dos ídolos do mundo e trazido ruína sobre si, Deus pode redimir essas circunstâncias. Se isso aconteceu com seus netos, ore para que sejam levados a se arrepender diante de Deus. A boa notícia é que, mesmo quando fazem más escolhas, ainda há uma bênção para eles, caso se arrependam e voltem a seguir o Senhor. Eles podem ter de pagar por suas transgressões, mas não para sempre. Portanto, não pare de orar para que sejam trazidos de volta ao Senhor.

Deus disse a seu povo que adorou ídolos: "*Dão as costas para mim, mas, em tempos de aflição, clamam: 'Vem nos salvar!'*" (Jr 2.27). As pessoas dão as costas para Deus e vão atrás dos ídolos do mundo, mas depois, quando se metem em problemas, pedem a Deus que as salve. O Senhor, porém, diz: "*Por que não clamam aos deuses que vocês mesmos fizeram? Que eles os salvem quando vier a aflição!*"(Jr 2.28).

As pessoas procuravam feiticeiros e adoravam outros deuses em vez de buscar o único Deus verdadeiro. Assim, depois que elas *o* abandonaram, ele *as* abandonou. Mas, em sua misericórdia, ele disse: "Agora, voltem-se para mim, e eu me voltarei para vocês", mas o povo perguntou a Deus: "De que maneira voltaremos?" (Ml 3.7). Eles nem sequer viam que tinham feito da riqueza seu ídolo.

Em resposta à sua pergunta, Deus disse que o tinham roubado, não lhe dado o que ele lhes dissera que dessem. E instruiu-os: "'*Tragam todos os seus dízimos aos depósitos do templo, para que haja provisão em minha casa. Se o fizerem*', diz o Senhor dos Exércitos,'*abrirei as janelas do céu para vocês. Derramarei tantas bênçãos que não haverá espaço para guardá-las! Sim, ponham-me à prova! Suas colheitas serão fartas, pois as protegerei das pragas*'" (Ml 3.10-11).

Ore para que seus netos não façam da riqueza seu ídolo. Jesus nunca disse que não poderíamos ter bens materias; mas os que temos, ou os que queremos ter, nunca devem ficar entre o Senhor e nós. Não deve vir antes nem acima de Deus em nosso coração. Esse é um princípio fundamental que nossos filhos e netos devem aprender. *Quando ofertamos a Deus, ele abre o céu e derrama tantas bênçãos sobre nós que ficamos com uma fartura de bênçãos.* E ele repreende o devorador de nossa vida e abençoa o que produzimos.

Uma pessoa que aprende a ofertar a Deus será sempre abençoada por ele.

A Bíblia diz: "*Não sigam nenhum dos deuses das nações vizinhas, pois o Senhor, seu Deus, que vive entre vocês, é Deus zeloso. Se o fizerem, a ira do Senhor, seu Deus, se acenderá contra vocês, e ele os eliminará da face da terra*" (Dt 6.14-15).

Deus disse ainda: "*Não levem para dentro de suas casas objeto algum que seja detestável, pois, como eles, vocês serão destruídos.* Considerem essas coisas absolutamente detestáveis, pois estão separadas para a destruição" (Dt 7.26).

Não queremos que nossos filhos ou netos sigam outros deuses, nem queremos que tragam objetos detestáveis — como algo que exalta outros deuses — para casa, pois isso pode abrir-lhes uma porta para o mal. A Bíblia diz: "Mas a pessoa que se une ao Senhor tem com ele uma união de espírito" (1Co 6.17). Ore para que eles possam identificar qualquer coisa em sua vida que ameace essa união de Espírito que têm com Deus.

Deus disse que devemos nos *separar de pessoas que adoram ídolos e cultivam práticas pecaminosas* (Ed 10.11). O Senhor não muda. Deus hoje é o mesmo que foi no passado e será por toda a eternidade. Assim como falava sério sobre o que disse da idolatria na época de Esdras, ele também fala hoje e no futuro. A única coisa que muda é a forma dos ídolos. Hoje, as pessoas fazem seus ídolos de coisas como fama, música, dinheiro, bens materiais, outras pessoas ou o que quer que as atraia para longe de Deus e as coloque sob a influência do inimigo.

Não que qualquer dessas coisas seja necessariamente ruim em si mesma. A questão é uma só: qual o espírito por trás delas? Atrás de cada ídolo está um espírito do inimigo — um espírito de luxúria, ganância, orgulho, destruição, engano, e muito mais. A verdade é esta: "Sabemos que somos filhos de Deus e que *o mundo inteiro está sob o controle do maligno*" (1Jo 5.19). Então, se andarmos com Deus, saberemos imediatamente qual espírito está atrás de algo, de alguém ou de algum lugar, porque o Espírito nos dará esse discernimento. Podemos sentir o "controle do maligno".

Ore para que seus netos tenham esse tipo de discernimento. Eles devem ser capazes de discernir a diferença entre o Espírito de Deus e o espírito do mundo — que pertence ao inimigo de Deus. Essa será uma importante distinção que devem fazer pelo resto da vida.

– Minha oração a Deus –

Senhor, elevo a ti meus netos. (Diga o nome de cada um deles diante de Deus.) Mostra-lhes como viver neste mundo sem serem atraídos por suas trevas. Ajuda-os a se afastar de tudo que é detestável a ti. Dá-lhes força para serem conduzidos por teu Espírito, e não influenciados pelo espírito maligno que está no mundo. Ajuda-os a rejeitar todo tipo de ídolos e a ficar longe das armadilhas do inimigo que os desviem de tudo que tu tens para eles.

Tua Palavra nos ensina: "Portanto, afastem-se e separem-se deles, diz o Senhor. Não toquem em coisas impuras, e eu os receberei. Eu serei seu Pai, e vocês serão meus filhos e minhas filhas, diz o Senhor Todo-poderoso" (2Co 6.17-18). Ajuda meus netos a sempre se lembrarem de que são filhos e filhas de Deus. Dá-lhes desejo de serem amigos teus e discernimento para nunca quererem ser "inimigos de Deus" (Tg 4.4).

Afasta-os do orgulho para que não sejam enganados. Revela-lhes sem demora sempre que estiverem cedendo a certas obsessões da cultura que forem contrárias a teus caminhos. Não deixes que tragam coisas detestáveis para casa. Mantém-nos longe de qualquer pessoa ou prática que possa dificultar que suas orações sejam ouvidas e impedi-los de receber tudo que tens reservado para eles. Protege-os de tudo que acabe por afastá-los de ti e do melhor que tu tens para a vida deles.

"Quanto a mim, certamente não pecarei contra o Senhor, deixando de orar por" meus netos (1Sm 12.23). Oro para que aprendam a temer a ti de todo o coração e a sempre pensar em todas as coisas maravilhosas que lhes tens feito (1Sm 12.24). Peço que sempre te adorem e nunca se afastem de ti para servir a outros deuses. Oro em nome de Jesus.

– A Palavra de Deus para mim –

Não imitem o comportamento e os costumes deste mundo, mas deixem que Deus os transforme por meio de uma mudança em seu modo de pensar, a fim de que experimentem a boa, agradável e perfeita vontade de Deus para vocês.
Romanos 12.2

Não amem este mundo, nem as coisas que ele oferece, pois, quando amam o mundo, o amor do Pai não está em vocês.
1João 2.15

Filhinhos, afastem-se dos ídolos.
1João 5.21

Filhinhos, vocês pertencem a Deus e já venceram os falsos profetas, pois o Espírito que está em vocês é maior que o espírito que está no mundo.
1João 4.4

Repito: se desejam ser amigos do mundo, tornam-se inimigos de Deus.
Tiago 4.4

27
Senhor, ensina meus netos a dar bons frutos

O tipo de pessoas que somos é revelado pelo tipo de fruto que produzimos em nossa vida. Queremos que nossos netos deem bons frutos, pois isso revela que eles são do Senhor. Jesus ressuscitou dos mortos não apenas para nos salvar, a fim de que pudéssemos viver com ele por toda a eternidade, mas também para que tenhamos uma vida melhor hoje e o glorifiquemos aqui na terra. A Bíblia diz que agora estamos "unidos com aquele que foi ressuscitado dos mortos. Como resultado, podemos produzir uma colheita de boas obras para Deus" (Rm 7.4).

Quando Jesus falava sobre pessoas más — os falsos profetas —, ele dizia: *"Vocês os identificarão por seus frutos"* (Mt 7.16). Ele explicou que as pessoas devem tomar cuidado, pois esses falsos profetas vêm disfarçados de ovelhas, mas, na verdade, "são lobos esfomeados" (Mt 7.15). Em outras palavras, não são realmente o que parecem ser.

Então, continuou: "Da mesma forma, a árvore boa produz frutos bons, e a árvore ruim produz frutos ruins. *A árvore boa não pode produzir frutos ruins, e a árvore ruim não pode produzir frutos bons*" (Mt 7.17-18). Devemos julgar a verdadeira natureza de uma pessoa pelos frutos em sua vida, e não por sua aparência. Jesus disse: "Portanto, é possível identificar a pessoa por seus frutos" (Mt 7.20).

Aqueles que amam a Deus e sua Palavra — e que o convidam a viver *nele* e *nele* vivem — sempre darão bons frutos. Aqueles que aceitam Jesus têm o Espírito de Deus vivo dentro de si e darão seu fruto: "*Mas o Espírito produz este fruto: amor, alegria, paz, paciência, amabilidade, bondade, fidelidade, mansidão e domínio próprio*" (Gl 5.22-23). Quando encontrar pessoas que tenham poucas ou nenhuma dessas qualidades, isso significa que não são realmente submissas ao Senhor. O Espírito Santo sempre produzirá essas qualidades em nós, se o *convidarmos* e *permitirmos* que ele o faça.

Todos precisam ter o coração voltado para Deus e para seus caminhos e sua Palavra. Precisamos orar para que nossos netos tenham esse coração de amor por Deus. Não queremos que sejam cortados por produzirem frutos maus (Mt 7.19). Quantos já não sofreram grandes perdas por terem feito o que *eles* queriam e não se preocuparem em descobrir o que *Deus* queria que fizessem? Essas pessoas colheram frutos que lhes trouxeram desgraça.

Não tenha medo de pedir ao Espírito Santo que convença a consciência de um de seus filhos ou netos, caso ele esteja fazendo algo que o levará a não produzir bons frutos em sua vida. Jesus disse: "Mas, na verdade, é melhor para vocês que eu vá, pois, *se eu não for, o Encorajador não virá. Se eu for, eu o enviarei a vocês. Quando ele vier, convencerá o mundo do pecado*, da justiça e do juízo" (Jo 16.7-8). O Encorajador — o Espírito Santo em nós — não só nos convence do pecado, mas também nos capacita a identificar a coisa certa a fazer e as consequências quando não fizermos.

Ore para que cada um de seus netos tenha o coração aberto ao poder de convencimento do Espírito Santo.

Ore também para que tenham um coração submisso a Deus e se submetam à vontade do Senhor. Ore para que toda a segurança e autoconfiança que seu neto ou sua neta tenha sejam temperadas por um coração de servo, de modo que use isso para ajudar outros, e não apenas para promover objetivos egoístas. Mesmo que você não tenha criado seus filhos nos caminhos de Deus, ore para que eles sejam agora tomados por um desejo pela Palavra, para que possam ajudar os filhos deles — seus netos — a aprender a viver uma vida que dê bons frutos.

Deus disse a respeito de seus filhos. "Eles serão o meu povo, e eu serei o seu Deus. *Eu lhes darei um só coração e um só propósito*: adorar-me para sempre, *para o seu próprio bem e para o bem de seus descendentes*. Estabelecerei com eles uma aliança permanente: jamais deixarei de lhes fazer o bem. *Porei em seu coração o desejo de me adorar, e eles nunca se afastarão de mim*" (Jr 32.38-40).

Deus pode colocar no coração de nossos filhos e netos o temor do Senhor. E, quando o fizer, eles não se afastarão dele. Oremos para que nossos netos amem tanto a Deus que vivam uma vida que produza somente bons frutos. E que sejam conhecidos por isso.

– Minha oração a Deus –

Senhor, elevo a ti meus netos. (Diga o nome de cada um deles diante de Deus.) Dá-lhes um coração submisso a ti, à tua Palavra e a teus caminhos. Leva-os a querer conhecer-te e servir-te. Mantém o coração deles voltado para ti, de modo que nenhuma resistência possa infiltrar-se. Guarda-os e não permitas que virem as costas a ti para viver em desobediência a teus caminhos. Se isso acontecer, não dês paz à consciência deles até que voltem para ti. Espírito Santo, és aquele que nos convence do pecado. Convence-os de qualquer pecado que houver na vida de meus netos e leva-os a fazer a coisa certa.

Dá a cada um de meus netos um coração de líder, e não de seguidor. Faze-os serem teus seguidores e de teus caminhos. Concede-lhes um coração desejoso de conhecer tua Palavra. Nela está escrito: "Quem despreza o bom conselho se envolve em dificuldades; quem respeita o mandamento será bem-sucedido" (Pv 13.13). Não deixes que sejam destruídos por falta de conhecimento da tua Palavra. Torna-os conscientes das recompensas de viver segundo a tua vontade.

Eu sei que "as orações de quem se recusa a ouvir a lei são detestáveis para Deus" (Pv 28.9). Tua Palavra diz: "Os que amam tua lei estão totalmente seguros e não tropeçam" (Sl 119.165). Dá a meus netos um profundo amor e respeito por tuas leis e teus caminhos. Ajuda-os a entender como isso lhes trará paz e os impedirá de tropeçar. E prepara o caminho para que as orações deles sejam atendidas.

Jesus, tu disseste: "Peçam, e receberão. Procurem, e encontrarão. Batam, e a porta lhes será aberta" (Mt 7.7). Pai, peço que meus netos orem a ti e te procurem para tudo, e batam nas portas que só tu podes abrir. Fecha-lhes as portas que não podem ser abertas, pois levam à produção de maus frutos. Ensina-os a se voltar para ti como fonte de todo bom fruto na vida deles.

Oro em nome de Jesus.

~ A Palavra de Deus para mim ~

Mas, se vocês permanecerem em mim e minhas palavras permanecerem em vocês, pedirão o que quiserem, e isso lhes será concedido! Quando vocês produzem muitos frutos, trazem grande glória a meu Pai e demonstram que são meus discípulos de verdade.
João 15.7-8

Provem por suas ações que vocês se arrependeram.
Mateus 3.8

*Os olhos do S*ENHOR *passam por toda a terra para mostrar sua força àqueles cujo coração é inteiramente dedicado a ele.*
2Crônicas 16.9

Toda árvore que não produz bons frutos será cortada e lançada ao fogo.
Mateus 3.10

O caminho dos justos conduz à vida; é uma estrada que não leva à morte.
Provérbios 12.28

28

Senhor, aumenta a fé de meus netos para que creiam que tudo é possível para ti

Todo mundo, em diferentes momentos da vida, precisa de milagres. Isso acontece porque podemos deparar com situações impossíveis. Mas para experimentar um milagre precisamos primeiro ter fé para acreditar que, para Deus, milagres são possíveis.

O próprio Jesus disse: "*tudo é possível para Deus*" (Mt 19.26). A Bíblia diz também: "*Pois nada é impossível para Deus*" (Lc 1.37). Esses versículos parecem comunicar o mesmo princípio — e de fato o fazem —, mas muitas vezes nossa mente não faz exatamente a mesma leitura deles. Por exemplo, podemos entender que *nada é impossível para Deus*, mas isso pode não significar que acreditamos que Deus queira fazer o impossível por nós. Apenas sabemos que ele *pode* fazer o impossível.

No entanto, saber que *tudo é possível para Deus* significa que, desde que andemos *com Deus*, ele pode fazer por nós algo que para nós é impossível. Ou ele pode fazer algo que nunca sequer imaginamos a fim de nos tirar de alguma situação ruim em que estivermos. *Nós* podemos não ser capazes de enxergar uma solução ou uma saída para aquilo, mas *Deus enxerga*, pois *não há limites* para o que ele pode fazer.

Podemos pedir a Deus, em atitude de fé, para fazer o que parece impossível em nossa vida e na vida de nossos netos.

Nossos filhos e netos precisam saber que não há nada que Deus não possa fazer se eles andarem *com o Senhor* — e se for da vontade de Deus fazê-lo. Eles não devem colocar Deus em uma caixa e dizer: "Deus não pode resolver esse meu problema". Precisam saber que podem sempre se voltar para Deus, acreditando que *somente ele pode resolver seu problema... ou ajudá-los a atravessá-lo...* ou *colocá-los acima do problema*. Precisam ter fé no Senhor e em seu poder de fazer o que para eles é impossível por conta própria. Precisam ter fé nas palavras de Jesus de que tudo é possível para Deus.

Ore para que seus netos não tenham uma atitude de derrota e desesperança. Peça a Deus que lhes dê uma atitude constante de esperança e fé em que a vitória está próxima. Ore para que tenham fé para crer em um milagre, pois sabem que milagres não são impossíveis para Deus. Isso não significa que estejamos dizendo a Deus o que ele deve fazer. Oração não é isso. Orar é dizer: "Eu creio em ti, Senhor, e sei que és o Deus do universo e todas as coisas são possíveis para ti. Por isso, peço que faças um milagre em minha vida hoje".

O contrário de fé é dúvida, e a dúvida é pecado, porque a Palavra de Deus diz que tudo que não nasce da fé é pecado.

O medo surge quando duvidamos do amor de Deus e de sua vontade de nos proteger. Duvidar de Deus sempre nos deixa com medo. Ter fé em Deus significa confiar que ele é a fonte de tudo que precisamos. Confiar nele significa sabermos não só que Deus tem a capacidade de responder às nossas orações, mas também que *deseja* fazê-lo. Os que pensam que ele desistirá deles e irá embora não têm fé. A fé em Deus é algo constante, inabalável e diário, independentemente de como ele responda às nossas orações.

Devemos orar para que nossos netos tenham fé inabalável em Deus e não alimentem dúvidas. Mesmo Jesus não fez milagres para certos indivíduos "por causa da incredulidade deles" (Mt 13.58). Podemos encorajar nossos netos afirmando que, se Deus não respondeu à sua oração, pode ser que ele *ainda* não tenha respondido. Ou Deus está respondendo de uma forma que eles não perceberam. Ou está respondendo de um modo que eles não esperavam ou não entendem.

Nossa fé não está no poder de nossas orações — ou na força da nossa fé. Ela está em Deus e em seu poder de agir por meio de nossas orações e em resposta a elas.

Ler a Palavra de Deus aumenta nossa fé. Saber quanto Deus nos ama aumenta nossa fé. Compreender quem Deus é aumenta nossa fé. Conhecer a Deus e crer nele, confiar em seu desejo e em sua capacidade de responder a nossas orações aumenta nossa fé.

Oremos para que nossos netos aprendam todas essas verdades e creiam nelas. No mundo em que vivemos, tanto hoje como no futuro, eles precisarão do poder de Deus para fazer o impossível. Suas orações podem ajudar seus netos a terem fé em que Deus fará milagres que podem um dia salvar vidas.

– Minha oração a Deus –

Senhor, elevo a ti meus netos. (Diga o nome de cada um deles diante de Deus.) Dá-lhes uma fé tão grande em ti e em tua Palavra a ponto de acreditarem em milagres quando oram. Ajuda-os a sempre confiar que para ti nada é impossível.

Ensina-lhes que tu és o Deus do impossível. Ajuda-os a compreender que a fé que têm em ti, a intimidade e a dependência de sua caminhada contigo e a tua capacidade de fazer o impossível quando eles oram abrem a porta para uma vida de milagres.

Ajuda meus netos a aprender a seguir a direção do teu Espírito e a ouvir tua voz em seu coração a guiá-los, e a não pensar que as coisas se resolverão automaticamente, sem uma grande fé em ti e sem fazer orações como ato de fé. Tu disseste em tua Palavra: "Tudo é possível *para aquele que crê*" (Mc 9.23). Capacita meus netos a crerem que *não há nada que seja muito difícil para ti, e que para ti tudo é possível*.

Dá-lhes a compreensão de que duvidar é pecado porque significa que não confiam em ti, no teu amor, na tua vontade e no teu poder para ajudá-los em qualquer situação. Capacita-os a perceber como a leitura da tua Palavra aumenta a fé. Tu disseste: "se tivessem fé, ainda que do tamanho de uma semente de mostarda", então "nada seria impossível para vocês" (Mt 17.20). Planta no coração de cada um de meus netos uma semente de fé que cresça e se transforme em uma fé gigante, que crê em milagres quando eles oram a ti.

Não permitas que meus netos jamais percam a esperança na tua capacidade e no teu desejo de resgatá-los de qualquer situação desesperadora. Oro no mesmo sentido em relação aos pais deles e a mim. Peço que tu, "a fonte de esperança", enchas meus netos de alegria e paz e, em vista da fé que depositam em ti, que "transbordem de esperança, pelo poder do Espírito Santo" (Rm 15.13).

Oro em nome de Jesus.

– A Palavra de Deus para mim –

Ó Soberano SENHOR! Tu fizeste os céus e a terra com tua mão forte e teu braço poderoso. Nada é difícil demais para ti!
Jeremias 32.17

Jesus olhou atentamente para eles e respondeu: "Para as pessoas isso é impossível, mas não para Deus. Para Deus, tudo é possível".
Marcos 10.27

Eu lhes digo a verdade: quem crê em mim fará as mesmas obras que tenho realizado, e até maiores, pois eu vou para o Pai.
João 14.12

Pois nada é impossível para Deus.
Lucas 1.37

*E, no entanto, não têm o que desejam porque não pedem.
E, quando pedem, não recebem, pois seus motivos são errados; pedem apenas o que lhes dará prazer.*
Tiago 4.2-3

Obras da mesma autora:

30 dias para tornar-se uma mulher de oração
A Bíblia da mulher que ora
A oração que faz Deus sorrir
Bom dia! – Leituras diárias com Stormie Omartian
Bom dia! 2 – Leituras diárias com Stormie Omartian
Dez minutos de oração para transformar sua vida
Escolha o amor – E mude o curso de sua vida
Escolha o amor – Livro de orações
Eu sempre falo com Deus sobre o que sinto
Guerreiras de oração
Guerreiras de oração – Guia de estudo
Guia-me, Espírito Santo
Minha Bíblia de oração
Minha história de perdão e cura
Minutos de oração para a mulher de fé
O diário da mãe que ora
O milagre do Natal
O poder da avó que ora
O poder da criança que ora
O poder da esposa que ora
O poder da esposa que ora – Livro de orações
O poder da esposa que ora – Mensagens de fé
O poder da fé em tempos difíceis
O poder da mãe que ora
O poder da mulher que ora
O poder da mulher que ora – Livro de orações
O poder da nação que ora
O poder da oração no casamento
O poder da oração para uma vida feliz
O poder da oração que domina o medo
O poder de orar
O poder de orar a vontade de Deus
O poder de orar juntos
O poder de orar pelos filhos adultos
O poder de orar pelos filhos adultos – Livro de orações
O poder de uma vida de oração – Livro de orações
O poder do adolescente que ora
O poder do marido que ora
O poder dos pais que oram
O poder transformador da oração
O que acontece quando eu falo com Deus?
O que Jesus disse
O segredo da saúde total

Compartilhe suas impressões de leitura,
mencionando o título da obra, pelo e-mail
opiniao-do-leitor@mundocristao.com.br
ou por nossas redes sociais

Esta obra foi composta com tipografia Adobe Caslon Pro
e impresso em papel Pólen Soft 70 g/m² na gráfica Assahi